Bolsillo Era

Carlos Monsiváis
"No sin nosotros"

Carlos Monsiváis

"No sin nosotros"
Los días del terremoto
1985-2005

Ediciones Era

EDITORES INDEPENDIENTES
ERA. México / LOM, Chile / TRILCE, Uruguay
TXALAPARTA. País Vasco - España

Coedición: Ediciones Era, México / LOM Ediciones, Santiago de Chile /
Ediciones Trilce, Montevideo / Editorial Txalaparta, País Vasco, España
• Ediciones Era, S.A. de C.V., Calle del Trabajo 31, 14269, México, D.F.
  www.edicionesera.com.mx
• LOM Ediciones, Concha y Toro 23, Santiago de Chile
  www.lom.cl
• Ediciones Trilce, Durazno 1888, 11200 Montevideo, Uruguay
  www.trilce.com.uy
• Editorial Txalaparta, s.l., Navaz y Vides 1-2, Tafalla, Navarra
  www.txalaparta.com
ISBN: 968.411.641.1 (Ediciones Era)
ISBN: 956.282.748.8 (LOM Ediciones)
ISBN: 9974.32.388.6 (Ediciones Trilce)
ISBN: 84.8136.323.5 (Editorial Txalaparta)

Primera edición en coedición Era/Lom/Trilce/Txalaparta: 2005
DR © 2005, Ediciones Era, S.A. de C.V.,
Calle del Trabajo 31, 14269, México, D.F.

Impreso y hecho en México
Printed and made in Mexico

Índice

► A Rafael Barajas ◄

Después del terremoto: de algunas transformaciones de la vida nacional

I. DONDE APARECE LA SOCIEDAD CIVIL

El 19 de septiembre de 1985 la Ciudad de México experimenta un terremoto de consideración que causa un gran número de muertos (las cifras de las autoridades jamás se establecen con seriedad, los damnificados acercan el número a veinte mil fallecidos). Al día siguiente, otro terremoto (o temblor) de menor intensidad reanuda el pánico y vigoriza el ánimo solidario. El miedo, el terror por lo acontecido a los seres queridos y las propiedades, la pérdida de familias y amigos, los rumores, la desinformación y los sentimientos de impotencia, todo –al parecer de manera súbita– da paso a la mentalidad que hace creíble (compartible) una idea hasta ese momento distante o desconocida: la *sociedad civil*, que encabeza, convoca, distribuye la solidaridad.

Ante la ineficacia notable del gobierno de Miguel de la Madrid, paralizado por la tragedia, y ante el miedo de la burocracia, enemiga de las acciones espontáneas, el conjunto de sociedades de la capital se organiza con celeridad, destreza y enjundia multiclasista, y a lo largo de dos semanas un millón de personas (aproximadamente) se afana en la creación de albergues, el aprovisionamiento de víveres y de ropa, la colecta de dinero, la localización de personas, el rescate de muertos y de atrapados entre los escombros, la organización del tránsito, la atención psicológica, la prevención de epidemias, el desalojo de las pirámides de cascajo, la demolición de ruinas que representan un peligro... A estos voluntarios los anima su pertenencia a la *sociedad civil*, la abstracción que al concretarse desemboca en el rechazo del régimen, sus corrupciones, su falta de voluntad y de competencia al hacerse cargo de las víctimas, los damnificados y deudos que los acompañan. Por vez primera, sobre la marcha y organizadamente, los que protestan se abocan a la solución y no a la espera melancólica de la solución de problemas. Cientos de miles trazan nuevas formas de relación con el gobierno, y redefinen en la práctica sus deberes ciudadanos. (El 18 de septiembre, el *civismo* es, si acaso, un término alojado en los recuerdos escolares.)

Sin debates previos, sin precisiones conceptuales, en cuatro o cinco días se impone el término *sociedad civil*, lo que, por el tiempo que dure, le garantiza a sus usuarios un espacio de independencia política y mental. Como es previsible, el impulso genera la pretensión de "cogobierno" en el empeño de salvar vidas y de restaurar o instaurar el orden urbano. En rigor, nunca son gobierno, pero esta creencia ilumina algo muy característico de los gobernantes: su rotunda banalidad. Ésta es la gran certeza de 1985: el descubrimiento de que la colectividad sólo existe con plenitud si intensifica los deberes y anula los derechos, si la sociedad civil es una idea todavía imprecisa, los cientos de miles que se consideran sus representantes le otorgan energía y presencia irrebatibles.

En un acto de "teoría confiscatoria", el presidente Miguel de la Madrid se opone al uso "irresponsable" del término, y añade: "La sociedad civil es parte del Estado. Pueden irse a sus casas. Ya los llamaremos si los necesitamos". ¿A quiénes les envía la rectificación y la orden? No a sus alumnos de la Facultad de Leyes, ni a quienes podrían ver en la televisión el pizarrón del aula, ni a la ciudadanía, sino, francamente, a nadie. El ímpetu de los que reclaman la condición de sociedad civil no se frena con puntualizaciones de fin de semestre. Por su lado y tardíamente, con voces titubeantes, el regente del DF Ramón Aguirre y el PRI califican a la sociedad civil de entidad muy secundaria. Se reitera el apotegma del presidencialismo: en el país de un solo partido y un solo dirigente no caben los voluntarios, y el PRI y los funcionarios se aprestan a la compra de líderes y el maniobreo con los damnificados. Pero nada impide por unas semanas la vitalidad y el compromiso de los obstinados en hacer de la ayuda a los demás el fundamento de la toma de poderes (Aún no se usa el *empoderamiento*). En última instancia, el concepto de *sociedad civil* rehabilita masivamente las sensaciones comunitarias y allana el camino para el "gobierno" de la crítica.

Desde el 21 de septiembre, en los medios políticos y académicos se levantan objeciones, algunas muy razonadas, otras muy razonables, a la fe en la sociedad civil. Las hay teóricas ("Se equivocaron en el uso del concepto"); se ofrecen reparos más bien pragmáticos (En asuntos de la nación, no hay bien que dure cien horas), y se esparcen las fórmulas cortesanas. "¿Para qué la sociedad civil si el gobierno monopoliza los conflictos y los amagos de solución?" Desde la arrogancia y el manejo del presupuesto, se agrede a los que conciben una sociedad civil de autonomía orgánica, dotada de recursos analíticos, progresista (con la carga antigua de la expresión), y se les dirigen preguntas "capciosas": ¿no es también *sociedad civil* la de los tradicionalistas de la derecha, con sus grupúsculos como Pro-Vida y la Unión Nacional de Padres de Familia, y la autoridad litigante de sus jerarcas religiosos? ¿Por qué la sociedad civil debe ser forzosamente de izquierda? ¿Quién reparte "las credenciales" de la sociedad civil? Hablar de sociedad civil, se arguye, es, desde la antigua Grecia, mencionar la esfera donde se elabora la hegemonía. Y se cita a Gramsci, que pregunta si la sociedad civil es un aspecto de la dominación burguesa: "Si la ciencia política quiere decir ciencia del Estado, y el Estado es el complejo de actividades teóricas y políticas gracias a las cuales la clase dominante no sólo justifica y mantiene su dominio, sino que se las arregla para ganar el consenso activo de aquellos a quienes domina, será obvio entonces que las cuestiones esenciales de la sociología no son otra cosa que las cuestiones de la ciencia política" (*Cuadernos de la cárcel*).

Los teóricos marxistas insisten: la fuerza directa, la dominación y las sustituciones coercitivas de la "sociedad política" se sustentan en la hegemonía ideológica ejercida por la burguesía a través de las escuelas, las asociaciones privadas, las iglesias y otras instituciones de la "sociedad civil". Así, continúa la lección, lejos de ser una esfera autónoma de asociación voluntaria, a la sociedad civil descrita por Gramsci la constituyen el poder de clase, las relaciones de mercado, y las formas del consumo, como pasa con cualquier otra esfera de la sociedad capitalista. Y se concluye: no es tiempo de sembrar un tema en el campo de los buenos deseos, sino de ejercer las presiones que obliguen a la reforma del Estado... y allí los teóricos se desentienden del tema.

El debate es primordial, pero carece de público. Ha sido tan opresivo el autoritarismo priísta que el término *sociedad civil*, con lo voluntarista del caso, más que detallar las movilizaciones resulta más bien la profecía que al emitirse construye realidades en torno suyo, psicológicas y culturales en primera instancia. Nada científico o sistemático, pero sí necesario. Invocados, los cientos de miles de voluntarios integran simultáneamente una visión premonitoria de la sociedad equitativa y su primera configuración práctica. Sin andamiaje teórico, lo que surge en los días del terremoto desprende su concepción ideológica de lo ya conocido, de lo que no sabía que se sabía, de las intuiciones como formas de resistencia, del agotamiento de las asambleas, de las vivencias del dolor y, muy especialmente, de lo inconfiable que resulta el depender de las autoridades.

Desde el gobierno, y con vehemencia, se resucita el *pragmatismo*, expresión antes peyorativa. Si el presidente Adolfo López Mateos (1958-1964) exclama: "A mi izquierda y a mi derecha está el abismo", el presidente De la Madrid podría decir: "Fuera del Estado sólo hay vacío conceptual y desacato administrativo". A las pruebas se remite: en unos cuantos meses, luego de las intervenciones del aparato oficial, parece asimilado (burocratizado, comprado en un remate) el espíritu del 19 de septiembre de 1985, todo lo que auspicia la pregunta del líder del PAN Carlos Castillo Peraza: "¿Quién es esta señora Sociedad Civil, que nadie sabe decirme dónde vive?".

Vaya lo uno por lo otro: al debilitarse el control inflexible del régimen priísta, se potencian los movimientos sociales, de organización precaria, de militancia fervorosa y volátil, de liderazgo adquirible por los funcionarios, sin propuestas estructuradas de sociedad. Los "movimientistas" se rehúsan a la unificación que les haría "perder identidad", y con frecuencia desembocan en organizaciones clientelares, o, también se fracturan o desaparecen. Su credo es sencillo: la vanguardia del cambio no es ya el proletariado, el fantasma que en vano recorre los manuales marxistas, sino los movimientos.

Veinte años después: la sociedad civil revisitada

En los albores del siglo XXI, sectores diversos de la sociedad mexicana, a los que se creía inmovilizados en lo básico, prosiguen en la defensa de sus derechos, y lo hacen de manera desesperante y desesperanzada en ocasiones, pero sus éxitos consolidan la fe en la *democracia* (el concepto todavía es vago, pero la actitud que lo sustenta es el gran ámbito de la participación social), y, también, los avatares de la *protesta popular*, hoy calificada de *movilizaciones de la sociedad civil*, incluyen Organizaciones No Gubernamentales (ONGS), grupos urbanos, comunidades eclesiales de base, grupos feministas, agrupaciones ecologistas, organizaciones indígenas, grupos gays, grupos en defensa de los derechos de los animales, etcétera. Así todavía domine el autoritarismo, los avances de este sector son notables, tanto que lo quieren aprovechar aquellos que lo combaten: el gobierno de Vicente Fox, el Partido Revolucionario Institucional (PRI), la derecha política (el Partido Acción Nacional), la derecha social, la derecha clerical (idéntica a la anterior, pero con temario más reducido), la burocracia del Partido de la Revolución Democrática (PRD), los intelectuales anti-izquierdistas, los izquierdistas anti-intelectuales, y el miedo o la indiferencia de sectores muy vastos aislados en la desinformación. Pero con todo esto, y con los errores y retrocesos de la sociedad civil, el fenómeno persiste y se intensifica.

II. FLASH-BACK: "Y SI SE LES REPRIME ES PARA QUE ENTIENDAN POR LAS BUENAS"

Hasta la década de 1970, lo usual en México es calificar a las protestas de "subversivas", y la acusación aprovecha el sedimento anticomunista de la población, ansiosa de movilidad social "por las buenas". Antes de esos años, la izquierda política vive en la clandestinidad o el anonimato (algo semejante pero distinto), y sus protestas se consideran "sórdidas y marginales", las propias del desconocimiento de lo real, que es la claridad de la autocracia. Por más energía y entusiasmo que demuestren, los movimientos populares –uno tras otro– conocen la represión, la compra y la nulificación que confluyen en el desgaste. Es habitual la asimilación (cooptación, se le decía) de la mayoría de sus líderes, pronto incorporados al Sistema (siempre con mayúscula), y tampoco se duda: actuar en la oposición lleva a la actitud que, de mantenerse, justifica pese a todo la vida, y de interrumpirse o cancelarse produce el ascenso económico, político y/o burocrático, y la frustración histórica de los desertores, para lo que valga. Muy pocos preservan su coherencia, y nada más unos cuantos se niegan al resentimiento o el rencor.

En gran medida, la despolitización todavía imperante proviene de las enseñanzas de la represión. ¿Qué caso tiene creer en los derechos civiles si el aparato gubernamental oculta las protestas y pulveriza a los disidentes? En 1952 por ejemplo, un gran movimiento campesino y de clases medias, la Federación de Partidos del Pueblo Mexicano, el henriquismo, apoya al general Miguel Henríquez Guzmán en su campaña a la Presidencia de la República, levanta multitudes campesinas y obreras en el país y, víctima de un fraude electoral mayúsculo, es aplastado el 7 de julio de 1952, con una matanza en la Alameda Central que jamás se cuantifica y con los disidentes (y víctimas) calificados por el gobierno y la prensa de "delincuentes". Desde la perspectiva actual, los henriquistas son más un movimiento social que político, en lo fundamental campesino.

En 1958 y 1959 emerge con vigor el sindicalismo independiente (trabajadores petroleros, ferrocarrileros, electricistas, telegrafistas, profesores de enseñanza primaria y secundaria), y su auge es tan fulgurante como el heroísmo y la generosidad que lo explican. Con rapidez, los gobiernos de Adolfo Ruiz Cortines y Adolfo López Mateos (1958-1964) aíslan y desbaratan a estos sindicalistas con asesinatos, golpizas, cárceles largas para los líderes ferrocarrileros (el grupo dirigente va a prisión durante once años y medio). Ya en lo cotidiano, la destrucción de las alternativas sindicales corre a cargo de la Confederación de

Trabajadores de México (CTM), y la justificación de las represiones es mínima: "La izquierda partidaria *provocó* al gobierno", aunque la verdad es más específica: todo lo que se aleja del control gubernamental es una *provocación*, y por tanto merece el castigo severo.

Por años, la protesta política y social se distingue por su carácter efímero, su desorganización (y sus muy severas querellas internas), su fatalismo ante las circunstancias adversas, su imposibilidad de vencer al gobierno que no concede "bajo presión", y su inmersión en el Desgaste (la mayúscula que señala el abismo de la oposición y sus batallas a corto plazo). El espacio genérico de los movimientos sociales (en su gran mayoría originados en la izquierda) es la Calle, donde se protesta por la invasión de Bahía de Cochinos, la guerra de Vietnam, la invasión de Santo Domingo, las represiones sindicales. A las manifestaciones se les desbarata con frecuencia, y son escasas y apenas simbólicas las protestas contra la carestía de la vida, la corrupción escandalosa de funcionarios y empresarios, los despojos de tierras de ejidos y campesinos pobres, los asesinatos de los líderes agrarios que rechazan los sobornos. El derrotismo cunde de antemano: "¿Quiénes somos para enfrentarnos al poder central y los caciques? ¿Qué podemos hacer ante un Poder Judicial entregado al Poder Ejecutivo y la capacidad adquisitiva del sector dominante, y un Poder Legislativo servil y con mayoría absoluta priísta? ¿Quién nos hará caso si en los medios informativos nuestra protesta, cuando llega a registrarse, aparece como *subversiva*? La pobreza, la miseria, la rapacidad del capitalismo salvaje, los asesinatos políticos, la prisión a los oposicionistas, los despidos injustos, la eliminación salvaje de las huelgas, todo el repertorio de la lógica del poder explica la parálisis y el desencanto histórico de la sociedad.

Flash-back: El movimiento estudiantil de 1968: "Sal al balcón, hocicón"

En 1968 se levanta en la Ciudad de México una gran protesta estudiantil (en rigor, popular) contra el gobierno de Gustavo Díaz Ordaz (1964-1970). El 23 de julio la policía golpea con saña y en su centro de estudios a jóvenes de enseñanza media del Instituto Politécnico Nacional. En la noche del 26 de julio, la policía y los agentes judiciales agreden brutalmente a grupos estudiantiles del Politécnico y la UNAM. Éstos resisten, hay autobuses y autos quemados, y los estudiantes se concentran en la Preparatoria de San Ildefonso. El 29 de julio, en la noche, el Ejército, con bazukas, toma el edificio y detiene a un centenar de estudiantes. Se habla de muertos y heridos. El gobierno algo admite: murió un joven que ingirió una torta descompuesta.

En los días siguientes, surge un movimiento extraordinario, al que otorga legitimidad la marcha del primero de agosto que preside el rector de la UNAM Javier Barros Sierra, la personalidad más significativa del 68. El 7 de agosto se integra el Consejo Nacional de Huelga (CNH), con representantes de todas las instituciones de enseñanza superior, que vivifica a la Ciudad de México y produce de inmediato zonas de libre expresión. El eje de la movilización es el antiautoritarismo, y las demandas son el castigo a los culpables de la represión, la exigencia de diálogo y el reconocimiento de los derechos humanos (sin ese término) de los estudiantes en tanto seres reprimidos. Durante más de dos meses las multitudes no únicamente estudiantiles recorren la ciudad, obtienen el apoyo de grupos vecinales y de jóvenes profesionistas, y soportan la inmensa campaña de calumnias del gobierno, obstinado en sus técnicas de la Guerra Fría y apoyado por los empresarios, la derecha, la inercia anticomunista y el alto clero. El 13 de septiembre cientos de miles intervienen en la Manifestación del Silencio que parte del Museo de Antropología rumbo al Zócalo. Su novedad es la actitud, no hay consignas o porras y un buen número llevan tela adhesiva en los labios. Esta vez, el símbolo y la acción son indistinguibles.

El presidente Gustavo Díaz Ordaz está sinceramente convencido: la magna conspiración acecha para boicotear los Juegos Olímpicos en México, y detrás se agazapa la anti-patria. Por eso le irrita tanto un grito muy repetido de la concentración en el Zócalo el 27 de septiembre: "¡Sal al balcón, hocicón!" A su vez, y por su cuenta, el Movimiento le da otro sentido a la ciudad con las brigadas estudiantiles que recorren agitativamente mercados y supermercados, autobuses, tranvías, calles. Oprimida tradicionalmente, la ciudad vislumbra un horizonte de libertades. De allí que los participantes en las grandes marchas se identifiquen con el poder de la crítica y del rechazo a la clase dominante, y de allí que les emocione tanto su fuerza numérica.

El Movimiento se debilita a medida que se acercan los Juegos Olímpicos. El 2 de octubre se celebra un mitin del CNH en la Plaza de las Tres Culturas. El Ejército, cuya presencia esa tarde es injustificable, responde a los disparos de integrantes del Estado Mayor vestidos de civil y se encarniza con la muchedumbre desarmada. Nunca se sabrá el número de muertos y heridos (desaparecen cadáveres, se amedrenta a las familias), hay más de dos mil presos, el terror y la incertidumbre dominan. En los días siguientes a la matanza, el fervor organizativo se cancela. No con un discurso radical sino con disparos se destruye al Movimiento estudiantil.

Sobreviene la programación del olvido, y esta vez las técnicas de siempre fallan. Ya para 1973 se inicia la respuesta desesperada de la guerrilla, y por vez primera en casi cuarenta años, no se disipan las consecuencias de la represión y la memoria permanece. Esta persistencia y esta resistencia le deben bastante a la resonancia internacional de la matanza, y a que el movimiento se produce en la Ciudad de México y afecta a la educación superior. Desde ese momento, las vanguardias de la sociedad exigen el fin del autoritarismo.

En la apariencia, el control absoluto del presidencialismo priísta continúa. Sin embargo, en su trayectoria breve y fulgurante, el Movimiento estudiantil no es sólo político sino, y muy vastamente, social y cultural, al hacer visible la posibilidad de la ciudadanía, y al ir construyendo diversas alternativas, la primera de ellas la certeza de autonomías posibles al margen de las corporaciones y los controles del gobierno.

III. DE LAS AUTONOMÍAS PROYECTADAS

a□ "La colonia/ unida,/ jamás será vencida": el movimiento urbano-popular

El presidente Luis Echeverría (1970-1976) ofrece un producto de la mitomanía más selecta, "la apertura democrática", que intenta allegarse la disidencia intelectual y quiere abanderar la postura del Tercer Mundo. Su plan de rehabilitación no convence y la matanza del 10 de junio de 1971, a cargo de jóvenes lumpen contratados por el Departamento Central, exhibe (por si hiciera falta) la naturaleza de su gobierno, todo hecho de incumplimiento de promesas. Sin embargo, la inercia sostiene al PRI, los brotes guerrilleros amedrentan a la sociedad pacífica, el régimen desencadena en las penumbras la guerra sucia y los guerrilleros se enfrascan en la violencia destructiva y autodestructiva.

Mientras, el crecimiento de las ciudades libera alternativas. La decisión de organizarse de modo independiente se concentra en los colonias populares y en las asociaciones vecinales. En 1974 (aproximadamente) se inicia el ciclo del movimiento urbano (Ver la muy útil investigación de Pedro Moctezuma Barragán, *Despertares. Comunidad y organización urbano popular en México 1970-1974*, Universidad Iberoamericana, UAM, 1999). Esta historia se nutre de las repeticiones: invasiones de terrenos, algunas patrocinadas por políticos; familias que se instalan como pueden en la desesperación activa que inaugura la esperanza; migraciones a la Ciudad de México de grupos (redes de familias) de Puebla, Oaxaca,

Michoacán, Guerrero; jacales improvisados de madera, cartón y manta; "paracaidistas" desalojados y estafadores que venden terrenos que no son suyos; grupos o partidos políticos que apenas si son gestores; colonos que ven morir a sus hijos por deshidratación o diarrea...

El movimiento urbano popular se va haciendo también con fraccionamientos clandestinos en tierras comunales, con "regularizaciones" hechizas, con pistoleros que amenazan y chantajean a los colonos, con funcionarios corruptos que multiplican sus compadrazgos (la pila bautismal "afianza vínculos"), con experiencias como la trascrita por Pedro Moctezuma, la de una señora de esas que "no tienen a donde irse":

[...] venía yo bien mala pero ese día nos asignaron y nos dijeron "se van a quedar a cuidar su terreno" y, este [...], mi hija me dijo "te vas a quedar", le digo sí, nomás me traen una pastilla y un té, y aquí me voy a quedar, y mis compañeros de brigada me hicieron un cuartito con tabiques y un techo de hule ¿no? Y ahí me quedé con mi nieto, los dos nos quedamos solitos y adelante por donde están las rosas, los mamey, ahí estaba Juanita y todas las demás, lo de Pantitlán. Ahí se quedaron otros, pos apenas se veía la gente como andaban ¿no? y ahí me quedé yo ese día, en la noche, pero pos ellos allá ¿no? Pero pos allá ¿no? pero negro negro.

Los nuevos colonos son obreros industriales, trabajadores de la construcción, campesinos sin tierra, personas que ganan por debajo del salario mínimo. Se especializan en aportes al estallido demográfico (cada diez hijos traen su pan), admiten (porque no pueden evitarlo) los asomos de actitudes feministas, se congregan en asambleas cuya meta es durar más que la vida, ponen de relieve las redes familiares, les importa sobremanera construir las escuelas públicas, planean los suministros de agua, trabajan en las vías de acceso a la colonia y en el aplanado de las calles, nivelan terrenos destinados a servicios, quieren defender las áreas verdes, construyen las casetas de policía, instalan los servicios provisionales de la luz, se acomodan en las antesalas de los delegados y los presidentes municipales, organizan huelgas de pagos contra los fraccionadores...

También, los colonos observan desde el desencanto las metamorfosis de muchísimos de sus líderes, su transformación en caciques, su más que explicable enriquecimiento, su ampliación constante del equipo de guardaespaldas, sus gestorías jamás desinteresadas, su ideología vaga y amenazadora.

A las organizaciones las nutren por igual el agravio y la búsqueda de seguridad familiar. El impulso, más vociferante en los hombres y más sostenido en las mujeres, recibe los estímulos del crecimiento desorbitado: la urbanización sin tregua, las invasiones de tierras (muchas de ellas propiciadas por políticos que son, curiosamente y bajo mano, dueños de los terrenos invadidos), la falta de infraestructura urbana en las colonias, el combate por la dotación de servicios. Se exige lo esencial: vivienda, agua potable, regularización de títulos de propiedad, reconocimiento oficial de las organizaciones, pavimentación, escuelas, iglesias. En el proceso todo se mezcla: el sentimiento comunitario genuino, el origen ideológico de un buen número de líderes (marxista de lejana inspiración castrista o maoísta), el fanatismo de la autogestión, el voluntarismo que todo lo extrae del proceso febril de asambleas y tomas de oficinas, la producción de caciques ansiosos de ser vistos como redentores. Y el término genérico, Movimiento Urbano Popular (MUP), se divide en grupos con nombres típicos y estratégicos: Asamblea de Barrios, Unión de Colonias Populares, Unión Popular Revolucionaria Emiliano Zapata, Movimiento Tierra y Libertad... El lenguaje es reiterativo y tiende a convertirse en cárcel, la angustia por el título de propiedad es infalsificable.

En sus primeros años de experiencia el paisaje de las colonias es más bien deprimente: calles sin asfaltar, carencia de agua potable, inexistencia de dispensarios médicos y escuelas, inundaciones frecuentes, pleitos con la policía, abogados tramposos que todo cobran y nada arreglan, líderes venales, invasión de zonas ecológicas... Es muy relevante el papel de las mujeres, un buen número de las cuales permanece todo el día en las colonias. Otro liderazgo emerge, esta vez de género. Las señoras se enteran del detalle y de las estructuras, se ponen al tú por tú con las autoridades, calibran con exactitud los problemas, organizan los plantones... Es apenas previsible el ascenso de las lideresas, atenidas en su nivel al modelo de Doña Bárbara. En colectividades que desbordan madres solteras al frente de sus hogares, y mujeres que desde niñas luchan para no desaparecer, se modifica a la fuerza la psicología pasiva y se multiplican la intrepidez y la gana de no dejarse. El resultado: la toma de poderes y, también, los cacicazgos temibles y perniciosos.

b□ Las comunidades eclesiales de base: "Dios está en la asamblea"

Ya para 1972 o 73 la izquierda católica ostenta figuras como Sergio Méndez Arceo, obispo de Cuernavaca, y Samuel Ruiz, obispo de San Cristóbal de las Casas, voceros de "la opción preferencial por los pobres". Un sector de los jesuitas se radicaliza mientras las dos grandes sectas, el Opus Dei y los Legionarios de Cristo, se adueñan de la educación de las élites (y de una porción de sus recursos). Crecen las Comunidades Eclesiales de Base (CEB), a pesar de la hostilidad de la jerarquía eclesiástica, que en mayo de 1990 contempla al papa Juan Pablo II lanzarse contra la Teología de la Liberación (luego lo hará contra la Teología India, promovida por Samuel Ruiz) y las Comunidades Eclesiales de Base. Además, pide detener la oleada de "las sectas" protestantes.

Las CEB padecen una crisis de credibilidad en 1994, cuando en Congreso nacional, apoyan la candidatura de Diego Fernández de Cevallos, del PAN. Esto afecta su cohesión interna y su imagen externa. Por lo demás, en su origen y en sus teorías, las CEB son más sociedad religiosa que sociedad civil, y un teólogo, Carlos Bravo Gallardo plantea así su plataforma de convicciones: "La pregunta fundamental de la moral cristiana es doble: primero, *qué historia es la que hace justicia al Dios del reino;* segundo, *qué hay que hacer para instaurar el reino de Dios en la historia".*

La experiencia de El Salvador y Nicaragua es muy importante, y se toman muy en cuenta los ejemplos de monseñor Arnulfo Romero y el grupo de jesuitas dirigidos por Ignacio Ellacuría, asesinados por la ultraderecha. Al martirio la Teología de la Liberación lo declara "signo de los tiempos porque caracteriza a nuestra época". Así lo descubre el propio Ellacuría: "El pueblo crucificado es siempre signo de los tiempos". De acuerdo a esta tesis, en el lenguaje religioso los enemigos son el Maligno, los demonios, y en el lenguaje histórico los poderes de este mundo. Y a Jesús se le identifica con los pobres hasta el don de su vida (el martirio), según el análisis de Joao Batista Libanio, que añade: "La teología de la liberación *disloca la imagen tradicional de Dios* hacia un nuevo enfoque: del Dios creador providente, ocioso, intocable en su inmovilidad, hace un Dios personal envuelto en la historia; del Dios Padre poderoso, legitimador del orden vigente, hacia el Dios Padre misericordioso y liberador del pueblo".

No está la feligresía para revelaciones teológicas, ni el Vaticano y la Congregación de la Fe admiten lo que juzgan "blasfemias". Juan Pablo II, asesorado por Josef Ratzinger, exige y obtiene obediencia, y el movimiento social y religioso de las CEB se desintegra o se deja arrinconar.

c☐ La ecología y las profecías de la tierra

Las ideas vencedoras –dijo alguna vez Alfred North Whitehead– son aquellas cuyo tiempo ha llegado. Eso podría decirse del pensamiento que determina la conciencia ecológica y sus tareas de rescate, prevención, dispositivos de mediano y largo plazo, defensa de las prerrogativas de las generaciones futuras, aceptación de los derechos de los animales, celebración racional de la Naturaleza. Si uno se atiene a las evidencias, ha llegado el tiempo de las ideas ecológicas, ya que prosigue el calentamiento de la tierra, se incrementan los deshechos tóxicos, el capitalismo salvaje destruye los ecosistemas, las sociedades campesinas a duras penas protegen parte de sus zonas patrimoniales. Y sigue la lista: el gobierno de George Bush se niega a suscribir los Protocolos de Kyoto porque "Estados Unidos tendría que gastar mucho dinero", los japoneses insisten en el levantamiento de la veda de la caza de ballenas; cada año los canadienses matan a palos a más de trescientas mil focas; la tala de los bosques es una actividad delincuencial muy favorecida por la alianza de industriales y políticos en América Latina. Y así dramática y sucesivamente.

En México la conciencia ecológica ha sido tardía y todavía ahora no muy eficaz, así ya disponga de la simpatía de sectores muy vastos (lo que explica a los votantes de ese fraude estrepitoso: el Partido Verde Ecologista de México). Si en los niños y los adolescentes esta conciencia es la señal del desarrollo civilizatorio, a los gobiernos y el empresariado la defensa de la naturaleza les resulta una actitud "subversiva", lo que explica en Guerrero la impunidad de las compañías madereras y la impunidad de los políticos que asesinan o encarcelan líderes campesinos. Se invaden espacios de la biósfera, y se desdeñan o se califican de "alarmistas" las protestas contra el agujero de la capa de ozono y sus consecuencias previsibles, una de ellas la proliferación del cáncer de piel. La instalación de la planta nuclear en Laguna Verde, Veracruz, levanta una gran protesta que el gobierno de Miguel de la Madrid desdeña sin siquiera dar razones. Los intereses creados insisten: nunca será tiempo de las ideas ecológicas, porque perjudican a los grandes negocios.

■

En los libros de texto de la enseñanza elemental y la educación media apenas se consignan los problemas del medio ambiente, temas primordiales de cualquier país. No se ignora la ecología pero se disminuye su importancia jerárquica y sólo se le dedican unas líneas a la alteración de los recursos naturales, la falta de control en las plantas termoeléctricas, los derrames de petróleo en el mar, la contaminación de las fábricas de cemento, las emisiones de humos, polvos y gases de la industria petrolera (más las descargas de deshechos), el uso de carbón de piedra, la producción –cortesía de la minería y la metalurgia– de residuos perjudiciales que los organismos no consiguen biodegradar. Y todo esto no provoca una alarma genuina.

■

Ante el panorama de los ecocidios, la sociedad, cuando se entera, se considera indefensa, y esto decide el auge de la indiferencia. Con todo, hay grupos que persisten con firmeza, y hay activistas valerosos que se enfrentan a las compañías depredadoras y a los políticos y las autoridades policiacas o militares que las protegen. Pero avasalla el dinero de las trasnacionales o las empresas nacionales que obstaculizan el conocimiento de la realidad y la aplicación de la ley. No se entiende el costo múltiple de la destrucción de las especies, ni trasciende el comentario trivial un fenómeno como el calentamiento global. ¿A quién le atañen las emisiones de monóxido de carbono por el uso de vehículos de motor? ¿Quiénes actúan para detener la contaminación de los lagos y los mantos acuíferos? En todo caso, se alega, son problemas mundiales y el permitir (por alguna compensación económica) la tala inclemente o las cacerías fuera de temporada, no es asunto de interés planetario.

Existen sin embargo mecanismos de rechazo, entre ellos el señalado por Joan Martínez Alier: "En los países pobres hay un ecologismo de los pobres (histórico y actual) que intenta conservar el acceso de las comunidades a los recursos naturales y a los servicios ambientales de la naturaleza. Dicho acceso está amenazado por el sistema generalizado del mercado o por el Estado" (en *La economía ecológica como ecología humana*, Fundación César Manrique, Islas Canarias, 1998). Y el ecologismo de los pobres se define como las acciones de:

defensa del sustento y del acceso comunal a los recursos naturales amenazados por el Estado o por la expansión del mercado. La reacción en contra de la degradación ambiental causada por el intercambio desigual, la pobreza y el crecimiento demográfico (en *Varieties of Enviromentalism. Essays North and South*. Londres, 1997, de Guha Ramachandra y Joan Martínez Alier).

Con la introducción irrebatible de cada nuevo término se ajustan los cambios de mentalidad. Éste es el caso del *desarrollo sustentable*; que conjunta las dimensiones ecológica, política y social. Allí cobran un sentido definitivo luchas como la emprendida por los campesinos Rodolfo Montiel y Teodoro Cabrera de la Organización de Ecologistas de la Sierra de Petatlán y de Coyuca de Catalán, presos por la presión de la empresa Boise Cascado y los caciques, y liberados por el esfuerzo internacional de organizaciones ecologistas. En *Lumbre en el monte*, de Jimena Camacho (Itaca / La Jornada, 2004), Montiel sintetiza su experiencia:

Nuestra lucha por conservar el bosque es la lucha por la vida. El bosque atrae la lluvia, y del agua viven las plantas, los animales y las personas. Cada árbol derribado es una fuente de oxígeno que se acaba. La tierra sin bosque se vuelve desierto porque con la lluvia y el sol el suelo se lava y se muere. Nuestras tierras se empobrecen porque hemos permitido el saqueo del bosque. Los explotadores del bosque son ecocidas y matan el ecosistema [...] El alma del agua vive en lo fresco del bosque. Sin árboles, hasta el ciclo del agua enloquece lloviendo fuera de tiempo. Por todo eso nuestra lucha es por la vida.

A esto se añade el drama del agua. Cuenta Montiel:

El agua no es de nadie, uno está sufriendo la carestía del agua por la tala. Poco a poco se va a ir acabando, se va a ir escondiendo el agua en el fondo de la sierra. Por eso toda la gente está en lucha, apoyando para que no se siga destruyendo. Yo me acuerdo de arroyos grandes que conocí. En el mes de mayo y abril había bastante pescado, mojarra. Ahora nomás hay las piedras y una que otra fosa con harta lama, ya no tienen agua esos arroyos que eran grandes, quedaron secos; en el río nomás blanquean las piedras, nomás se ve un chorrito de agua que escurre.

■

De oírla en 1988, nadie habría hecho caso de la advertencia de Jonathan Porritti: "Debemos prepararnos para reducir nuestros estándares de vida". Al respecto, sólo unos cuantos se preocupan en México y en América Latina por las consecuencias de los ecocidios. El movimiento ambientalista o ecologista o de los verdes, surge en respuesta a problemas globales, y tiende a operar en un nivel mundial, sin concentrarse en demasía en los asuntos locales. (Esto cambia en tiempos recientes.) Tarda en implantarse el "Piensa globalmente, actúa localmente", y lo mismo sucede con las filiales de organizaciones del tipo de Greenpeace, Friends of the Earth, Worldwide Fund for Nature, o con el Programa Ambiental de la ONU... Desde la década de 1980 se prodigan los grupos locales, que obligan a los supermercados a vender "productos de orientación ecológica", y abogan por la tecnología aplicada a la preservación del ambiente. Pero la sociedad nacional acata los criterios de la sociedad global, sujeta en demasía a los mecanismos neoliberales.

Los problemas se acumulan hasta volverse instituciones del apocalipsis subsidiado. Lo perfilado en otros países (la tesis de la unidad planetaria, la alternativa de la ecoespiritualidad, la idea de la Tierra como un organismo único que debe respetarse en su integridad) se minimiza o se ignora en México, y desastres nucleares como los de Three Miles Island y Chernobyl apenas repercuten en América Latina. El alejamiento de los compromisos planetarios es el último tributo al aislacionismo, ¿y cómo persuadir a las personas para que se vinculen en algún nivel con el medio ambiente? El uso despiadado de la alta tecnología destruye la relación directa entre las personas y la Naturaleza.

■

En un libro importante y, como suele suceder en estos casos, prácticamente desconocido (*Transgénicos: ¿Quién los necesita?*, Grupo Parlamentario del PRD, 2005), Armando Bartra es muy preciso al hablar de los OVM (Orgánicos Vivos Modificados) y de la biotecnología moderna realmente existente, que se presenta como biopiratería, secuestro de saberes ancestrales, patentes de organismos vivos, inducción de tecnologías insostenibles, y mercadeo clandestino o cuando menos subrepticio de alimentos y semillas potencialmente dañinas. Y añade:

> Es peligroso, entonces, ensañarse sólo con los odiosos OVM –que son apenas la cereza del pastel envenenado– cuando el problema no es la ingeniería genética por sí misma sino el perverso modelo de desarrollo donde se inscribe. Después de todo no hicieron falta transgénicos para convertir la Selva Lacandona en el Potrero Lacandón, bastaron prácticas ecocidas tradicionales como el saqueo maderero, el resinado a muerte, la ganaderización irresponsable, la colonización anárquica, las quemas descontroladas, la inducción de monocultivos, el uso abusivo de agroquímicos...

Se divulga una creencia fatídica: la tecnología es la respuesta última a los problemas, y por eso el porvenir está asegurado. Este optimismo delirante remite las cuestiones del agua, la contaminación, la inversión térmica, el calentamiento de la tierra, al porvenir siempre inverificable. Y no obstante su tenacidad, las victorias de los grupos ecologistas son por lo común sectoriales porque las causas de la ecología aún no son nacionales, con la excepción de la escasez del agua, la amenaza trágica de los años próximos. Sin embargo, como señala Cecilia Navarro, no sólo las organizaciones civiles luchan contra los proyectos corporativos, sino ya las propias comunidades defienden sus recursos patrimoniales, como en los casos de la comunidad de Cacahuatepec, en La Parota, de la comunidad del valle de San Luis Potosí contra la minera San Xavier, de la comunidad de El Higo contra la incineradora de askareles de Altecín.

IV. EL FEMINISMO, LOS FEMINISMOS: "NO QUEREMOS 10 DE MAYO, QUEREMOS REVOLUCIÓN"

Por siglos, las órdenes se vierten sobre las mujeres imposibilitadas para responder. *La mujer debe ser…* abnegada, dulce, comprensiva, dispuesta al perdón instantáneo de todos los males que se le causen, generosa, felizmente anónima, paridora interminable (multípara), enfermera de los hipocondríacos, banco sin interés de sus allegados, lavandera de males y desdichas… *Una mujer debe ser*. Y no se toma muy en serio lo que las mujeres son y padecen y requieren, lo que cuenta es su acatamiento de la moral, y que sus problemas íntimos los resuelva Dios, lo central son sus deberes. Hasta fechas recientes, a la mujer (así, en el singular de la abstracción) la describen su disponibilidad y el atender desde niña las tareas eternamente a su cargo. La mujer: el viaje circular del ama de casa, la sostenedora del hogar sin prestigios adjuntos (¡Ah! ¡Se me olvidaba el 10 de mayo!), la indígena que recorre el universo en busca de agua y leña, la trabajadora de la maquila que mantiene a su familia al filo de la explotación sexual y laboral, la niña ya vieja en su adolescencia "porque alguien debe hacerse cargo del hogar", las risas inexplicables en la cocina que en algo reparan los silencios forzados… *Una mujer debe ser*.

A lo largo del siglo XX, las feministas (en una etapa llamadas su-fragistas) demandan el voto, realizan congresos y reuniones, se multi-plican como activistas de la izquierda, reclaman los derechos que se les niegan "porque se los traspasarían a los curas". En 1953 obtienen el vo-to, que comienzan a ejercer en 1955. En el trayecto, los movimientos reivindicatorios de las mujeres enfrentan la definición unilateral de los deberes del género, y por ello intentan convertir el singular en un plural que, al ser ya diverso, es complejo (*Las Mujeres*), y remite al universo de posibilidades, actitudes, contrastes, oposiciones, todo lo oculto al reducirse los millones de seres a la simple expresión "La Mujer".

En 1970 o 1971 se inicia la nueva etapa del feminismo con grupos que protestan contra los concursos de Miss México, se oponen al habla machista, demandan la despenalización del aborto ("El aborto no es un gusto / es un último recurso"), se burlan de la Epístola de Melchor Ocampo leída con pompa y reverencia en las bodas civiles. En su mayoría son de clase media universitaria, concentradas en el Distrito Federal, que leen para ideologizarse, y ven en la victimación (muy real) el principio del entendimiento. Y el desarrollo del feminismo registra una sucesión de hechos:

☐ El ánimo feminista que se vive entre 1970 y 1980 en el Distrito Federal, gracias en muy buena medida a los inicios de la globalización cultural, va alcanzando al país entero, sobre todo a partir de la década de 1990 al implantarse el término *perspectiva de género*. Con rapidez se transparenta la obviedad: el feminismo no es "moda de importación", así las militantes admiren a los movimientos europeos y estadounidenses, con su programa de reivindicaciones inmediatas y su nueva lectura de la historia y los hechos culturales.

☐ El Estado mexicano, por razones de la modernización a fortiori y de su tradición camaleónica, va reconociendo –leve y vagamente hasta fechas muy recientes– distintas razones feministas. Digo "leve y vagamente", porque, por ejemplo, son inocultables la ausencia de planteamientos específicos en los planes nacionales de desarrollo, los tropiezos sucesivos de los Institutos de la Mujer y el papel subordinado y muy menor de las mujeres en la estructura de los gobiernos. Y la representación casi simbólica (el *tokenism*) domina largo tiempo, aunque la complejidad social ya incorpore escenográficamente "las representaciones de la mujer" en las técnicas de gobierno, lo que resulta en la rampante inutilidad de funcionarias que lo son debido a su condición biológico-priísta. Si bien hay zonas vedadas para las que habitan en "la minoría de edad" ciudadana, ya se dispone regularmente de una gobernadora, una secretaria de Estado, varias senadoras, diputadas y presidentas municipales, etcétera. El discurso oficial va siendo en buena medida "feminista", se renuncia a las fórmulas de "caballerosidad y respeto hacia la mujer sublime, la mano que mece la cuna y mece al mundo", de los priístas históricos y sus timideces cognoscitivas tipo Miguel de la Madrid: "Si bien la Revolución Mexicana ha sido capaz de consagrar el principio y la normatividad de la

25

igualdad (entre hombres y mujeres), la realidad está lejana del principio político y de la norma jurídica".

☐ Es ya innegable el fin de un proyecto de nación fundado en exclusiones máximas y concesiones mínimas. A las mujeres, desde el principio del México independiente, se les confina en "el hogar", y la filosofía burguesa al fundar el Estado sobre y contra el individuo, las excluye del nuevo Estado-nación. Apenas hay vislumbres de los derechos femeninos en la Constitución de 1857 y, algo ampliados, en la Constitución de 1917. Separadas radicalmente de la estructura civil, sin ciudadanía ejercible, las mujeres no se agregan formalmente a la Nación en 1953 (cuando Ruiz Cortines confía tanto a la alianza con la Iglesia que le concede el voto "a las féminas"), sino después, al certificarse su presencia en el aparato productivo. A esta inserción en la vida pública de México, sin suficientes vías institucionales, la enmarcan la desconfianza y la manipulación del grupo gobernante. La feminización de la economía es uno de los grandes sustratos del cambio de mentalidad (el otro: la participación creciente en la enseñanza superior). A la seguridad, a las sensaciones de autonomía, a la crítica frontal al patriarcado, llega el feminismo por las vías múltiples que se desprenden de actitudes radicales, estudios, textos, frases o consignas. Se acrecientan las seguridades psicológicas y los rudimentos teóricos, pero la actitud se afirma en la obtención de espacios laborales, las batallas de las madres solteras, la lucha de las sindicalizadas contra el abuso sexual, el enfrentamiento a la violencia intrafamiliar. Si lo personal no es fuerza política en stricto sensu, sí tiene muchísimo que ver, por omisión o por comisión, con el respeto o la falta de respeto a los derechos humanos y civiles.

☐ La derecha enfrenta el feminismo en la época en que –pese a todos los desplazamientos papales– la defensa de *Los Valores Tradicionales* depende más del juego político (la iglesia católica incluida) que de cualquier sujeción a las costumbres sacralizadas.

Antes de la década de 1970, el feminismo es en México la actitud belicosa (admirable) de unas cuantas mujeres rodeadas de la incomprensión y la burla. Pero los dispositivos de su desarrollo ya se han instalado, y eso no depende tanto de *la voluntad de modernización* de las clases medias, sino de la exigencia de crecimiento de la nación que se globaliza en lo cultural, y al hacerlo sorprende a una derecha segura de disponer para siempre, en sus negociaciones y pleitos con el Estado, de la institución familiar y su visión ahistórica de la mujer.

■

El límite de las libertades femeninas es la violencia de género cuyo clímax son las 436 jóvenes asesinadas en Ciudad Juárez en un período de doce años, suma de expedientes judiciales que en la mayoría de los casos representan el fracaso de las administraciones panistas y priístas. Los gobiernos del PAN se especializan en el regaño a las víctimas, y el Procurador de Justicia del gobierno de Francisco Barrio acusa a las muertas porque "algún motivo dieron" o algo así, para propiciar con su liviandad los asesinatos.

La violencia sin límites hace las veces de régimen feudal, inmoviliza a las mujeres, cancela su libertad de conducta, subraya que son el "sexo débil", simplemente porque actúan en su contra una tradición del abuso, la fuerza física, la posesión de armas y la misoginia criminal. En la historia de las mujeres en México los asesinatos de Ciudad Juárez son uno de los capítulos más sórdidos y trágicos, por desgracia todavía inacabado. Y es todavía muy insuficiente la respuesta nacional a los femi-nicidios, que son crímenes de odio en Ciudad Juárez en la medida en que los asesinos no conocen a la víctima, y por eso mismo la consideran una pieza de cacería.

Los feminicidios de Ciudad Juárez, no obstante el proceso de las investigaciones, sí determinan una gran movilización solidaria. Surgen agrupaciones (de las madres, de las familias), hay presiones interna-cionales sobre el gobierno de México, marchas, obras de teatro, películas, series fotográficas, libros, estudios sobre las condiciones del trabajo femenino en las maquiladoras, debates en radio y televisión, seguimiento puntual de los asesinatos. Si la ausencia de resultados válidos deriva en el incremento de la frustración, el despliegue solidario es una campaña sostenida, de un profundo nivel ético.

"Soy indígena y soy mujer, y eso es lo único que importa ahora"

Miércoles 28 de marzo de 2001. En el Congreso de la Unión, la Más Alta Tribuna, oficio que suele cumplirse una vez al año, en el Informe Pre-sidencial, habla la comandanta Esther del Ejército Zapatista de Liberación Nacional: "La palabra que traemos es verdadera. No venimos a humillar a nadie. No venimos a vencer a nadie. No venimos a suplantar a nadie. No venimos a legislar. Venimos a que nos escuchen y a escucharlos. Venimos a dialogar".

En el Palacio Legislativo de San Lázaro la atención es tan con-centrada que hace del silencio un homenaje reiterado. Con voz que no busca intimidar, la comandanta prosigue: "Quienes no están ahora

27

ya saben que se negaron a escuchar lo que una mujer indígena venía a decirles y se negaron a hablar para que yo los escuchara. Mi nombre es Esther, pero eso no importa ahora. Soy zapatista pero eso tampoco importa en este momento. Soy indígena y soy mujer, y eso es lo único que importa ahora".

Ante la visión habitual de lo indígena marcado por el paternalismo y el menosprecio sardónico, Esther se ubica. Es la representante de la parte civil del EZLN, "un movimiento legítimo, honesto y consecuente" y trae el mensaje de la Marcha de la Dignidad: "Ése es el país que queremos los zapatistas. Un país donde se reconozca la diferencia y se respete". Se proclama la estrategia de la incorporación al proyecto nacional sin renuncia alguna de sus identidades: "En este país fragmentado vivimos los indígenas, condenados a la vergüenza de ser el color que somos, la lengua que hablamos, el vestido que nos cubre, la música y la danza que hablan nuestras tristezas y alegrías, nuestra historia". En el texto se manejan distintos niveles, el apego a la ley, la legitimidad de lo diverso, la reivindicación de la equidad de género. Esther va a fondo en la crítica al tradicionalismo indígena en materia de usos y costumbres:

También sufrimos el desprecio y la marginación desde que nacimos porque no nos cuidan bien. Como somos niñas piensan que nosotras no valemos, no sabemos pensar, ni trabajar, cómo vivir nuestra vida.

Por eso muchas de las mujeres somos analfabetas, porque no tuvimos la oportunidad de ir a la escuela.

Ya cuando estamos un poco más grandes nuestros padres nos obligan a casar a la fuerza, no importa si no queremos, no nos toman consentimiento. Abusan de nuestra decisión, nosotras como mujer nos golpea, nos maltrata por nuestros propios esposos o familiares, no podemos decir nada porque nos dicen que no tenemos derecho de defendernos… Nos dicen que somos cochinas, que no nos bañamos por ser indígenas. Nosotras las mujeres indígenas no tenemos las mismas oportunidades que los hombres, los que tiene todo el derecho de decidir de todo. Sólo ellos tiene el derecho a la tierra y la mujer no tiene derecho, como que no podemos trabajar también la tierra y como que no somos seres humanos, sufrimos la desigualdad… Las mujeres indígenas no tenemos buena alimentación, no tenemos vivienda digna, no tenemos ni un servicio de salud, ni estudios… Nosotras además de mujeres somos indígenas y así no estamos reconocidas. Nosotras sabemos cuáles son buenos y cuáles son malos los usos y las costumbres…

La comandanta exhorta a los legisladores: "Estamos seguros de que ustedes no confunden la justicia con la limosna", y el meollo de su intervención es la certidumbre que declara el fin de los intermediarios o los traductores de las demandas femeninas.

Posdata sin misiva que la anteceda

En 2005 nadie tiene dudas: el sexismo, esa ideología del patriarcado que declara eterna la inferioridad de las mujeres (ninguna obispa, ninguna presidenta de la República) persiste en el doble estándar liberal, y sigue auspiciando la violencia intrafamiliar y el monopolio masculino del poder. A regañadientes, los políticos nutren sus lugares comunes sobre las mujeres con ráfagas de feminismo, y nada más –pero eso es suficiente– insisten en algunos recelos y prohibiciones.

No obstante el predominio machista, la condición de las mujeres sí ha cambiado, en función del desarrollo civilizatorio. Todavía en 1960, la violación en México es asunto donde la culpa, con la complicidad no tan ocasional de la vergüenza de las familias, reside por entero en la víctima. Las muy pocas mujeres que se arriesgan a la denuncia penal, reciben vejaciones (burlas y sospechas) de los policías, los agentes del Ministerio Público y los jueces. Y en unas décadas, las tesis feministas han construido otro punto de vista que ya impregna la sociedad entera. Una de las grandes renovaciones del siglo XX, el feminismo, sí ha repercutido en un país que ya no prescinde, ni podría hacerlo, de la perspectiva de género.

V. LOS ESPACIOS PÚBLICOS: "AQUÍ NADIE ENTRA"

El nuevo vocabulario entremezcla la tolerancia (definida en los hechos como aceptación de lo diferente), la globalización (en su versión de prácticas internacionales que van eliminando las intolerancias locales), el desarrollo educativo, y el papel central del cine (y en cierta medida de la televisión) en la redefinición de la moral pública.

Hasta la década de 1980 lo común es entender por *espacio público* el ámbito donde la tiranía de la costumbre hace inútil la nostalgia, y en donde la *política* consiste en obtener y retener el poder, nada más. En México, durante la mayor parte del siglo XX, el régimen priísta monopoliza el espacio público, y reparte con mezquindad los permisos para movilizarse y con largueza las autorizaciones de los ansiosos de apoyar a las instituciones. A las movilizaciones que no escenifican el entusiasmo por el gobierno, se les oponen el silencio y la distorsión informativa.

El espacio público de los medios informativos se sujeta hasta épocas recientes a un control tiránico que sólo filtra lo irremediable ("Luego de la matanza los responsables huyeron por la puerta falsa de su condición de recién fallecidos"). La radio y, sobre todo, la televisión, obstaculizan la crítica y divulgan una versión de "Lo Entretenido" que hoy, al examinarse, resulta un enigma mayúsculo: "¿Qué entretuvo a los espectadores de varias generaciones si lo que veían era la negación del humor y la diversión?" Y si la televisión, pese a todo, significa la ruptura sistemática con el tradicionalismo, no es por falta de censura. Allí, por décadas, se impide cualquier divulgación de la disidencia política, de las teorías feministas, de los alegatos en defensa de los derechos humanos, del reconocimiento de los derechos de las minorías, de la razón de ser de los movimientos sociales, del sentido de la sociedad civil.

De las manifestaciones como recuperación de espacios

En 1968 se reinicia la batalla por el espacio público, y una consecuencia es la matanza del 2 de octubre. En 1985, por cortesía de la Naturaleza, luego del terremoto del 19 de septiembre, se trastorna por unas semanas el uso del espacio público. De manera espontánea, cientos de miles de capitalinos ejercen funciones (entre ellas el tráfico) en los ámbitos antes sólo a disposición del régimen. A lo largo de unos días, se construye algo semejante al gobierno paralelo o, mejor, similar al de una comunidad imaginaria (la Nación, la Ciudad), antes no concretada por carecer de presencia en los medios electrónicos. Pasada la euforia, procede el desalojo masivo de la sociedad civil. El espacio público "ya tiene dueño y no se manda solo", anuncia el gobierno.

Nada prepara para el estallido de 1988 tan largamente esperado. Las campañas de Cuauhtémoc Cárdenas y Manuel Clouthier dinamizan la vida nacional, y evidencian lo espectral de la utilización priísta del espacio público. El acarreo, técnica histórica de los priístas, es el vergonzoso traslado de "almas muertas", casi a la manera de Gogol. En cambio, las multitudes animosas de cardenistas y de panistas que colman el Zócalo, los mítines de Cárdenas en La Laguna, el Valle de Mexicali y cu, los recorridos impetuosos de Clouthier por Monterrey o Guanajuato, las protestas por el fraude colosal; el conjunto del 88, en síntesis, revela la inminencia del salto histórico. Se quebranta el dogma autoritario convertido en símbolo cabalístico: la Calle es del gobierno y es del PRI y es herético o por lo menos irrespetuoso sentirse con derecho al espacio público. Pero eso se alega en vano cuando ya la oposición "expropia" o recupera la Calle, tal vez minutos antes de su conversión en feudo de los embotellamientos.

"Ya llegó, ya está aquí, el que va a creer en ti"

En 1988 concluye la idea típica de la Era del PRI que sitúa lo público en espacios amenizados por los comentaristas de prensa, radio y televisión. El debate crítico va surgiendo en medios antes sumisos y que, sin desistir de su entreguismo, le adjudican a la crítica el rol de spots de la legitimación. Filosofía de los Medios: "Dejo que ataquen al gobierno para que el gobierno sepa cuánto me necesita". Esto, mientras muchísimas de las técnicas probadas históricamente pierden en un instante la importancia tan pregonada. ¿Cuántos votos aporta el colmar las plazas y los zócalos con pasión militante (la izquierda) o con resignación rencorosa (los acarreados del PRI)? Las movilizaciones pasan de exhibiciones de fuerza de la ciudadanía a catástrofes de la vialidad, y doscientas mil personas entusiastas en el Zócalo ya no son profecía atendible. Las razones demográficas minimizan el antiguo impulso épico de las muchedumbres, y el turno es de los Medios Masivos (o no tan masivos, en el caso de la prensa).

Son innumerables los signos de la mudanza de lo público. Desde 1988 la publicidad reemplaza el ajetreo ideológico; es inamovible la fe que iguala gasto publicitario y movilización de conciencias, y tal vez no está lejano el día en que, desde el balcón de Palacio Nacional, un presidente de la República grite el 15 de septiembre: "Público de México", para luego interrumpirse y decir: "En un momento volvemos con más exhortaciones al ánimo patriótico". Y la fragmentación de la prensa y el auge del Internet, la nueva arena pública, relativizan el valor de los "centros informativos". Si algo se modifica es la noción de *centro*, y si bien el proceso de la opinión pública y el vigor de la sociedad civil dependen en gran medida de la lectura de las publicaciones, la televisión concentra la cadena de impresiones a la que complementa el fluir de los chismes. De forma inevitable, en tanto agente de la política, la televisión se afianza sobre la alianza entre expresiones visuales y rumores "de los enterados".

La obsesión de los medios electrónicos por constituirse en el espacio público por antonomasia somete –en el extremo delirante– a casi todos los candidatos a la Presidencia a la horca caudina más terrible:

la obligación de verse simpáticos y chistosos ante las cámaras, y la pretensión monopólica de la televisión privada desata en la prensa lo impensable en la Era del PRI: la decisión de ampliar el espacio público, de incluir allí temas y actitudes condenadas, proscritas, invisibilizadas. Y la causa de la democracia va de la prensa crítica a la sociedad civil que se va cohesionando en torno a la esperanza primera y última: "Si mi voto cuenta, yo existo cívicamente; si yo existo cívicamente, mis esperanzas de toda índole encuentran un fundamento racional".

VI. "EL PRESIDENTE NO NECESITA ALIADOS"

En el primer semestre de 1988 millones de personas sin partido se incorporan a la política (en la acepción de beligerancia y empleo del voto como arma de defensa personal y de aporte a la sociedad). La vía de entrada es la pertenencia en algún nivel a la izquierda social y al concepto de sociedad civil, que –difuso y vívido a la vez– anima el horizonte de las marchas, las reuniones (casi) de sol a sol, los mítines, los trabajos organizativos, el reparto de volantes, etcétera. El contrasentido probable (la sociedad política desplazada por quienes sólo se sienten sociedad civil) restaura parcialmente la confianza en la acción electoral, algo insostenible en la realidad, donde la muy débil estructura partidista de la oposición retrocede ante las triquiñuelas y maniobras fraudulentas del gobierno de Miguel de la Madrid obstinado en imponer al inescrupuloso y hábil Carlos Salinas de Gortari. El fraude mayúsculo del 6 de julio de 1988 y la desmovilización subsiguiente frenan el impulso de gran parte de estos contingentes, pero estimulan la participación en espacios ajenos al poder.

De 1988 a finales de 1993, Carlos Salinas cree encarnar puntualmente el Estado y se afana en arrebatarle todo espacio o iniciativa a la sociedad civil. (Él también es la protesta.) Por eso, le asigna al invento manipulatorio del sexenio, el Programa Nacional de Solidaridad, Pronasol, la tarea de reemplazar a la sociedad civil y sus atribuciones reales o soñadas. No en balde el programa de "Solidaridad" quiere aprovechar la memoria del 85 Además de tributarle homenajes semanales a Salinas, Pronasol intenta secuestrar y desvanecer el descontento popular, y es casi inevitablemente un proyecto a la vez mesiánico y altamente manipulador. Al intervenir en el territorio de Pronasol, Salinas cree con devoción en un dogma: sus palabras son las del salvador de los pobres. El resto del tiempo se esfuerza por enriquecer todavía más a la minoría exigua.

Pronasol depende de la Secretaría de Desarrollo Social (Sedesol) y funciona a través de Comités de Solidaridad, rivales en la práctica de las presidencias municipales. El propósito es sencillo: hacer de la sociedad civil un apéndice servil del gobierno, sin mayores costos. Las comunidades trabajan en beneficio de la administración: banquetas, tuberías, calles pavimentadas, cables eléctricos, construcción y remodelación de escuelas, pequeños caminos, puentes, reparación de casas y edificios gubernamentales. Todo gratis. A cambio, algunos créditos. Y el autor de todo, el único facultado para recibir el fervor del pueblo, es el presidente Salinas siempre, eufórico siempre. Así, el 10 de septiembre de 1992, en el Auditorio Nacional, se enfrenta a los críticos:

¡Que agarren la pala con los compañeros para abrir la cepa! ¡Que carguen los postes de luz como hacen las compañeras! ¡Que lleven la comida como los niños que colaboran para arreglar la escuela! ¡Que critiquen pero que trabajen! ¡Que trabajen en Solidaridad!

¿Hay aquí un anuncio de campos de trabajo forzado? Nunca lo sabremos, porque Salinas no se reelige. En su desmesura, él pretende "la nueva relación Estado-pueblo", y en su Segundo Informe Presidencial exhibe sus lecturas de *Corazón, diario de un niño*, de Edmundo D'Amicis: "Contemplen el brillo en los ojos de un niño que ya no necesitará de una vela para alumbrar el libro en el que estudia". Y es también un vidente: "Solidaridad se convertirá en una memoria histórica de la mejor epopeya del pueblo mexicano".

¿En qué consiste la Mejor Epopeya? En extirpar toda autonomía de los que se sometan sin quejas a los designios del gobierno; esto, mientras se acentúan el deterioro salarial, el subempleo, el desempleo, la marginación indígena. Sin inmutarse, Salinas repite la frase que ilumina su paso por la Presidencia: "Nadie podrá decir, de ahora en adelante, que hay un solo mexicano olvidado en México". Y el gobernador del Estado de México, Ignacio Pichardo, le envía una carta al dirigente estatal del PRI: "El Señor Presidente sugiere utilizar frases como 'Solidaridad trajo la luz a Chimalhuacán'". Salinas, el taumaturgo.

Para disolver las protestas en las comunidades, Salinas recurre a los izquierdistas en retiro, y cientos o miles de ellos ingresan a Pronasol, bajo una consigna: "Hacemos lo mismo que cuando estábamos en el Partido Comunista y ahora hasta nos pagan". Felices con la "Ideología Recuperada", los ex izquierdistas se concentran –asegura Julio Moguel– en la "población objetivo" de Pronasol: colonos populares y campesinos pobres y medios, los sectores donde la izquierda social es determinante. Se quiere hurtar el lenguaje de la izquierda, y hablar de "democracia directa.

organización no corporativa, coordinación horizontal, formación de co-ordinadoras, política de masas". Uno de los líderes alcanza el ensueño: "Pronasol es la promesa del socialismo mexicano". Y la demagogia se resguarda tras las cifras de la catástrofe: en México hay 40.3 millones de pobres y 17.3 millones de extremadamente pobres...

Pronasol explica en gran medida la postergación de la protesta popular. A la retórica izquierdista desde el gobierno, la complementa la publicidad a raudales, los comerciales televisivos donde una pareja distingue sus facciones al cabo de cuarenta años de casados, porque antes él partía al trabajo en la madrugada y volvía en la noche, y ¡por fin! Pronasol trajo la luz al pueblo, o un anciano llora porque le han construido un camino, o unos niños brincan de alegría porque al construirse un puente llegan sin riesgos a la escuela y no se enlodan sus zapatos. Y sin embargo, en los documentos de Pronasol se filtra la verdad: se aportan más recursos a la ·construcción de cárceles que a las obras de drenaje o alcantarillado, y el tipo de inversiones "se aleja de las necesidades más inmediatas y urgentes de las comunidades y grupos más pobres". (Datos en el excelente reportaje de Arturo Cano, "Solidaridad es Salinas", en *Salinas a juicio*, Editorial Planeta, 1995).

La represión continúa y a lo largo del sexenio de Salinas son asesinados más de cuatrocientos miembros del Partido de la Revolución Democrática (PRD), sin que se produzcan movilizaciones de protesta. Y la miseria se extrema. De acuerdo a un estudio de 1992 del Consejo Consultivo de Pronasol el 60 por ciento de los mexicanos no satisfacen los mínimos nutricionales. Y en 1994 mueren de hambre cuarenta niños tarahumaras. Hay escándalo moral, y Salinas responde desde el autoelogio habitual: "Lo que ocurrió es que ahí (en la Sierra Tarahumara) enfrentamos un problema de una dimensión histórica que nos mostró la necesidad de redoblar el esfuerzo a favor de los tarahumaras". Él no desmiente su "Nadie podrá decir, de ahora en adelante, que hay un solo mexicano olvidado en México", sólo indica que no se les recordó lo suficiente. Y por eso se abultan las cifras de Pronasol: 250 mil comités (tal vez sean 50 mil); millón de becas en escuela primaria, erradicación de la pobreza: a cada mexicano pobre, le tocan de Solidaridad 34 centavos diarios (en 1998 equivalen a dos centavos de dólar) Las promesas de Salinas se extienden: "Nos aseguraremos de que ningún niño abandone su educación primaria porque sus padres no lo puedan sostener". En 1994 la deserción escolar se intensifica y casi alcanza el 80 por ciento en algunas zonas del país.

Parte del trabajo de Pronasol resulta útil, pero avasalla el afán de manipulación electoral, el despilfarro y el culto a la personalidad de

Salinas. Los integrantes y beneficiarios de Pronasol reciben algunas lecciones: todo impulso comunitario viene del gobierno y a su apoyo se dirige; no hay por qué creer en la autonomía de los grupos si existe la única persona que sabe resolver los problemas, la sociedad civil es el sector inconfesado del PRI. Más, es incitar a la subversión. Salinas negocia con la derecha, reprime con estrépito a la izquierda, somete al PRI hasta la abyección, y desprecia a la sociedad civil.

Sin embargo, en el sexenio de Salinas se producen acontecimientos de gran relieve, apenas advertidos por los Medios que el gobierno sojuzga. En 1991, en Chihuahua, doscientos tarahumaras bajan de la sierra y caminan doscientos kilómetros para reclamar su derecho a la tierra, negado por la Secretaría de la Reforma Agraria. En 1991, desde Villahermosa, Tabasco, un contingente que exige respeto al voto recorre mil kilómetros, en su "Éxodo por la democracia"; al comienzo son 250 individuos, entran a la Ciudad de México cerca de cinco mil, y en el Zócalo los reciben cerca de cien mil personas. En 1992, trescientos indígenas de etnias distintas marchan de Chiapas a la Ciudad de México (mil doscientos kilómetros), en el Quinto Centenario del viaje de Colón, para protestar por sus condiciones de vida y la falta de respeto a sus derechos humanos.

Todo esto, Pronasol no lo advierte.

VII. LOS DERECHOS HUMANOS: EL PUNTO DE PARTIDA

Durante una larga etapa, la protesta depende centralmente de mezclar el combate al autoritarismo y la reivindicación de derechos elementales. En lo más intenso del movimiento estudiantil del 68 no se conciben siquiera los derechos humanos, ausentes en los programas de la izquierda. A principios del siglo XXI hay en el país más de cuatrocientos grupos de derechos humanos. Si aún se está lejos de lo satisfactorio, y si el gobierno federal y los regionales se obstinan en desatender las protestas, es enorme lo obtenido en términos comparativos. Se inicia la educación jurídica de la sociedad y se modifica notoriamente la idea que de sí mismos tienen los grupos y sectores que combaten la tortura, el despojo gubernamental y empresarial de tierras y bienes, la brutalidad policiaca, la violencia intra-familiar, las violaciones, los despidos sin justificación, las agresiones a causa de la orientación sexual, el ecocidio. Se acrecienta el número de quejas y denuncias en las comisiones de Derechos Humanos, pero aún son mayoría los que no demandan por temor a las consecuencias, aunque no convenzan las campañas de la derecha que califica a las Comisiones de Derechos Humanos de "promotores de la delincuencia", que protegen al delincuente y desprecian a la víctima. Y en algunas regiones los defensores de los derechos humanos son los enemigos acérrimos de los gobiernos, al oponerse a la impunidad y al verificar que la ausencia de grupos y comisiones de derechos humanos es la garantía de la represión. Por lo mismo, y ante la presión nacional e internacional, el gobierno de Salinas crea en 1992 la Comisión Nacional de Derechos Humanos, y, más tarde las Comisiones regionales.

Desde 1994 los cambios son extraordinarios. Anoto algunas de las causas. Para empezar, se produce la *otra* globalización de consecuencias positivas, es importante la resonancia de organizaciones internacionales (Amnesty International, America's Watch, etcétera), por más que los gobiernos las nieguen y las quieran desprestigiar. También, cunden las denuncias de tortura, acusaciones injustas, procesos judiciales eternizados, asesinatos, despojos y, sobre todo, abusos inmensos de los cuerpos policíacos. Y aunque jamás de modo explícito, los gobiernos aceptan lo innegable: en los espacios de la miseria los derechos económicos son parte esencial de los derechos humanos. Pero esto no tiene consecuencias jurídicas.

Hay zonas de catástrofe, las cárceles, desde luego, con su explosión demográfica de motines a causa de los tratos brutales, y la explotación económica y el predominio de los narcotraficantes. No suele hacérsele caso a muchos señalamientos de las Comisiones y en algunos sitios, los defendidos por los activistas de los derechos humanos padecen represalias. Y los medios informativos únicamente en casos excepcionales le dan trato noticioso a las violaciones de los derechos humanos. ¿Es esto el resultado de las debilidades de la sociedad civil? En gran medida sí, pero al agravarse la violencia, al masificarse la impunidad policíaca, las torturas y las tarifas que desvanecen los delitos y culpabilizan a las víctimas, los derechos humanos se vuelven la causa irremplazable de la protesta popular, que cada vez con mayor frecuencia precipita la caída de funcionarios y la reestructuración (por lo visto infinita) de los cuerpos policíacos. En 1998, luego de varios años de ostentar el estado de Morelos un récord en materia de secuestros, cae el encargado de la Brigada antisecuestros, uno de los principales responsables de estos crímenes, y junto a él los responsables de la seguridad pública y el gobernador. Antes, esto no habría sido motivo a considerar.

El mayor problema de los defensores de los derechos humanos es la tradición todavía victoriosa de la impunidad. El ejemplo más doloroso: el 22 de diciembre de 1997 la matanza de Acteal, un paraje de Chiapas. En Acteal, celebran tres días de ayuno en contra de la violencia miembros de la comunidad Las Abejas, no zapatistas y vinculados a la diócesis de San Cristóbal y el obispo Samuel Ruiz. Meses antes, a Las Abejas los expulsan de su comunidad los priístas vinculados a uno de los grupos paramilitares (contrainsurgentes) de la zona. Al final del ayuno, deciden seguir allí, y al llegar los paramilitares, algunos huyen y otros se quedan, rezando. La matanza se prolonga cerca de cuatro horas, y mueren 45 hombres, mujeres (algunas embarazadas) y niños. El militar al mando de las fuerzas de seguridad de Chiapas, a escasa distancia de Acteal, decide retirarse "porque las cosas están muy feas". El gobierno de Chiapas procede con lentitud y mala fe, y se concreta a explicar: "Fue un pleito entre familias". Se detiene a más de 90 personas, entre ellos varios de los agresores y otros ajenos a los crímenes, se niega enfáticamente la existencia de grupos paramilitares, y se insiste en destruir las organizaciones autónomas.

La respuesta a los asesinatos de Acteal es nacional e internacional. En la ciudad de México se efectúa una extraordinaria marcha de protesta. Muy diversas organizaciones envían a Acteal víveres, ropa, dinero, juguetes. Hay caravanas estudiantiles y de jóvenes profesionistas que proveen de asistencia médica y jurídica. El presidente Zedillo le dedica al asunto cinco minutos en público, acusa a quienes reclaman de "subversivos", y a un grupo de extranjeros de las misiones de ayuda los expulsa por "entrometerse en la política de México".

No se investiga a ninguno de los funcionarios del gobierno de Chiapas probablemente involucrados en la matanza.

Las Organizaciones No Gubernamentales y los partidos políticos

En la década de 1990, una parte de la sociedad civil, aún débil pero ya irreductible, se acomoda en las Organizaciones No Gubernamentales, ignoradas, desalentadas, a veces manipuladas o manipuladoras, de modo alguno inmunes a la corrupción, con frecuencia combatidas y ocasionalmente aduladas por los gobiernos. El tiempo internacional es de las ONGs, y los activistas, jóvenes en su mayoría, encuentran a la sociedad civil más estimulante que los partidos y, desde luego, que el gobierno. Hay ONGs de la derecha, muy estruendosamente brota una picaresca al amparo de las fundaciones internacionales, la burocratización no escasea, pero también un buen número de ONGs conjunta la militancia generosa y las preocupaciones democráticas.

El crecimiento de las ONGs se nutre del descrédito incontenible de los partidos políticos. Durante la "Guerra Fría" a la mexicana, la simple acusación de "independentista" o "insurgente" autoriza y garantiza anatemas y persecuciones. Luego, la clase política, casi como un todo, genera una inmensa desconfianza. El PRI es el monolito que a sus integrantes sólo les permite la libertad del estar de acuerdo. El Partido Acción Nacional, sólo a fuerza admite pertenecer al Estado laico, privilegia las razones de "la moral y las buenas costumbres" y se ajusta a los criterios de los dirigentes de la sociedad religiosa (no a la despenalización del aborto, no al control de la natalidad, no al condón), aunque en situaciones electorales, por ejemplo en Chihuahua, al ocurrir en 1986 un gran fraude electoral, encabeza la protesta popular. A la izquierda concentrada en el PRD la inhiben sus limitaciones de origen: ya no existe el Partido Comunista, ya no viajan los dirigentes a los países socialistas "a estrechar lazos", pero todavía impera el lenguaje petrificado (donde dice "democracia" decía "revolución"), y aún no se clarifican las causas específicas por las que luchan.

A la distancia ¿a quién persuaden los partidos? No desde luego a los urgidos de acción comunitaria, ni a los reacios a la política, vocablo desprestigiado al extremo. Por eso, sin una estructura argumentativa de por medio, un buen número de personas concentradas en el horizonte de esperanzas de las ONGs resultan para muchos una vanguardia efectiva de la sociedad.

Esta suma de causas incomoda a los poderes económicos y políticos, y los prejuicios y embates del tradicionalismo, la indiferencia, los intereses creados, el sexismo. ¿Qué se requiere por ejemplo para pugnar por la despenalización del aborto, en un medio sojuzgado por las presiones derechistas y los miedos del gobierno? ¿Cómo se persevera en la denuncia de la tala criminal de los bosques, del envenenamiento de los ríos, del arrasamiento de las joyas arquitectónicas, de la falta de escrúpulos de los industriales, cuando son poquísimos los interesados en los derechos de las nuevas generaciones? ¿Qué se precisa para sostener, ante el choteo generalizado, la urgencia de frenar la crueldad estúpida de las corridas de toros, o la barbarie en los rastros, autorizados o clandestinos, la indecencia del "deporte de la cacería"?

VIII. EL EZLN. "¿DE QUÉ TENEMOS QUE PEDIR PERDÓN?"

El primero de enero de 1994 entra en vigor el Tratado de Libre Comercio, el proyecto salinista de plena integración económica, política y social de México con Estados Unidos y Canadá. Ese mismo día en la madrugada, en cuatro municipios de Chiapas, el principal San Cristóbal de las Casas, el Ejército Zapatista de Liberación Nacional (EZLN), se declara en rebeldía en medio de combates intensos. El Primer Manifiesto de la Selva Lacandona es dogmático a la antigua y se sustenta en el atractivo de la vía armada, que a nadie persuade; sin embargo, el levantamiento genera en México una corriente de apoyo y comprensión. No se cree en la guerrilla pero sí se considera intolerable la miseria de los indios de Chiapas y del país entero, y de pronto lo conocido se vuelve certidumbre histórica: el racismo es la realidad psicológica que corresponde al capitalismo salvaje. En los primeros diez días de 1994 las imágenes de cadáveres, las señales de batalla, publicadas o transmitidas por la televisión, divulgan el coraje de los que nada tienen que perder, y el diluvio consiguiente de reportajes y artículos ilumina lo obvio. Se sabía de las condiciones infrahumanas de vida en las zonas indígenas, del desamparo de doce o trece millones de seres (imposible aproximarse a las cifras correctas dado el índice elevadísimo de natalidad, que en Chiapas, por ejemplo alcanza cerca del 6 por ciento de crecimiento anual.)

Ante la sublevación, el presidente Salinas exhibe su mano dura, se refiere despectivamente a los subversivos manipulados por extraños, y el 6 de enero anuncia su intención liquidadora. La protesta popular, extraordinaria, convocada por el PRD y las ONGS, incorpora a quienes, sin escrúpulos de alta teoría se sienten inscritos en la sociedad civil. El 12 de enero en la ciudad de México y en varios estados hay marchas en defensa de la paz, y comparten la exigencia de diálogo sindicatos, gremios, escritores, académicos, artistas, grupos campesinos, indígenas de Oaxaca y Chihuahua y Nayarit. Apremiado, Salinas pospone sus planes de exterminio y se produce un fenómeno mediático: el subcomandante Marcos, universitario irónico, inteligente, cultivado, rectifica sobre la marcha la propuesta del Primer Manifiesto, cancela casi toda la retórica del sacrificio redentor, resulta un interlocutor formidable de los medios informativos nacionales e internacionales y dirige lo que, de hecho, es un gran movimiento social.

El discurso de Marcos se opone a la parálisis verbal de la izquierda política estacionada en las calcificaciones del marxismo para eternos principiantes y en los conjuros del nacionalismo revolucionario de la década de 1930. Y Marcos dialoga de varias maneras con *la sociedad civil*, o como se le llame al conglomerado que en este caso cree en el cambio, aspira a la justicia social, detesta el neoliberalismo, es tolerante y acepta la diversidad como fuerza democratizadora. Los grupos y las personas que se consideran representantes de la sociedad civil toman las calles en distintas ciudades de la República, promueven manifiestos, y ratifican su vocación pacifista y su apoyo al "¡Ya basta!" levantado contra la opresión a los indígenas (En respuesta, el EZLN, desde el 12 de enero de 1994, suspende su lucha armada). De enero a agosto de 1994, y no obstante las resonancias del asesinato del candidato del PRI Luis Donaldo Colosio (23 de marzo), la sociedad civil, o la suma de organizaciones, acciones y buenas voluntades de izquierda y centro-izquierda, ejerce sus poderes de convocatoria y movilización. Y este giro de lo político se acentúa en la vida cotidiana. Al amparo del término, en pos de los derechos hasta entonces no ejercidos, y con actitudes que van del altruismo a la gazmoñería, grupos de vecinos se oponen al cambio de uso del suelo en su colonia o a la apertura de antros "inmorales"; o, también, desean proteger la naturaleza, la armonía urbana, la economía de los desprotegidos, los derechos de las mujeres y de las minorías. Chiapas es un incentivo de primer orden.

La causa zapatista o neozapatista anima a esta sociedad civil, sobre todo a personas sin trayectoria política previa, y a los estudiantes muy jóvenes que participan en las Caravanas de Paz, consiguen juguetes y comida para las comunidades, se van a vivir allí por temporadas, con ánimo muy distinto al del "turismo revolucionario" de la vieja izquierda. Pero si las actitudes cívicas son genuinas, también lo es la desesperanza ante la falta de alternativas al modelo neoliberal. La persuasión inmensa del sistema económico proviene de la destrucción de los métodos alternativos, y el sentido último de la propaganda o la publicidad del gobierno es exhibir cuán imposible es apartarse de Lo Institucional. Con rudimentos organizativos, sin mentalidad de mediano y largo plazo, los grupos de la sociedad civil suelen perseverar y hallan en la continuidad su mayor victoria.

A la izquierda su tradición divisionista la aísla reiteradamente. De allí la novedad del EZLN y de Marcos en particular, que creen en la sociedad civil casi en abstracto. Por lo común, la izquierda congela su discurso. ¿A quién se dirige, a los habituados a leer como si pronunciasen rezos o como si *lo light* fuese la profundidad exacta? Al no precisarse a los interlocutores, las frustraciones son innumerables, y al no existir tal cosa como la sociedad civil en abstracto, no hay compromisos con el mero llamado a movilizarse. En casi todos sus escritos, y en sus movilizaciones más conspicuas (la Convención de Aguascalientes de 1994, los diálogos de San Andrés Larráinzar y San Cristóbal, el Encuentro Intercontinental de 1996), el subcomandante Marcos se propone el diálogo con la sociedad civil, que, por inferencia, es la comunidad de hombres y mujeres requeridos de cambio y democracia, y ávidos del ejercicio de libertades. ¿Pero quiénes se identifican lo bastante como para responder a la convocatoria? En un alto porcentaje, integrantes de la sociedad política (grupúsculos, esbozos de agrupaciones, militantes sin arraigo partidario), y aquellos que indistintamente se consideran miembros de la sociedad civil y votantes del Partido de la Revolución Democrática.

IX. LA PROTESTA Y LA MANIPULACIÓN

Es ya una costumbre: sociedad civil es el sinónimo de sociedad a secas, y abundan los representantes instantáneos del conjunto. Nadie los nombra y, tampoco, nadie los contradice. Desde el sexenio de Salinas, cuando algunos sectores del PRI, regionales sobre todo, y muchos candidatos a diputados, quieren aparecer en el espacio público sin suscitar enfrentamientos o choteos, se proclaman "como de la sociedad civil". Por instantes la sociedad civil parece ser o casi todo o casi nada, pero ni el abuso terminológico, ni la manipulación interna, ni los recursos del Estado, disminuyen la fe en la democracia expresada por los nuevos movimientos.

Desde el punto de vista organizativo, las carencias son numerosas. Elogiada, cortejada, apreciadísima en infinidad de discursos, ignorada y vilipendiada en otros, la sociedad civil es fluctuante, o, como se dice con algo de honor, "sociotímica", armada por flujos y reflujos. De allí el fracaso de la Convención Democrática y el Frente Zapatista de Liberación Nacional, impulsados por el EZLN, y el desastre de las convocatorias dirigidas a esa "sociedad civil" que no se materializa. En la década de 1950, el grito de la izquierda es: "Que despierte la conciencia popular"; en las décadas de 1960 y 1970 la consigna reiterada es "¡Únete pueblo!"; en la de 1990 lo inevitable es convocar: "Éste es un llamado a la sociedad civil". En febrero de 1995, el presidente Ernesto Zedillo devela la identidad de *Marcos*, se olvida del diálogo pactado, califica de delincuentes a los zapatistas, y exhorta a su detención. Se levanta otra vez la protesta popular, y cientos de miles se unen en contra de la ofensiva autoritaria. Fracasa el plan de Zedillo de atrapar a Marcos, y algo queda claro: el zapatismo no es una moda. Esto al lado de la paradoja melancólica: sólo los sectores de centro-izquierda y de izquierda aguardan la llegada de la sociedad civil.

Cuantas veces puede, el gobierno menosprecia o devalúa a la sociedad civil, y uno de los primeros resultados de la reforma política es concentrarlo todo en los partidos, con exclusión abierta de las personas, los grupos y los sectores que no pertenecen a alguno. Se descarta la protesta popular no partidaria, y se añade el hábito gubernamental de alentar la censura informativa y la desinformación, especialmente en los medios televisivos. Allí las ONGs simplemente no existen. Si son genuinas no son noticia en la medida en que su trabajo irrita a los dueños del capital, y las marchas de protesta nada más se divulgan con tal de señalar su condición de graves obstáculos al tránsito (Sí lo son). En los Medios, la consigna es relegar, difamar, volver pintoresca a la protesta popular. Así, los movimientos ecológicos no se comentan, ni siquiera, digamos, en sus campañas contra el basurero nuclear instalado en Texas con graves consecuencias para México.

La gran devaluación de diciembre de 1994, provocada por la incompetencia mayúscula de los regímenes de Salinas y Zedillo, lleva a la crisis bancaria y el alud de carteras vencidas. Son millones los que no consiguen pagar, y pierden casas, departamentos, negocios, automóviles. El inefable presidente Zedillo se declara satisfecho casi de inmediato, y asegura: "Vamos por el camino de la recuperación". Pero grupos de deudores en todo el país activan la protesta popular, y crean El Barzón, que no se somete al acoso de los banqueros.

Desde 1992, por otra parte, la sociedad civil renueva sus tácticas a golpes de imaginación escénica. Un sindicato minero en Pachuca, para teatralizar su escasez de recursos, efectúa un desnudo masivo. Y esta vocación de Full Monty se extiende. El 23 de diciembre de 1992, en la ciudad de Chihuahua, otros trabajadores frente a la Catedral también se desnudan. El obispo quiere impedir el acto por considerarlo una falta de respeto, pero un sacerdote lo contradice: "Cristo nació desnudo". Los "performances" políticos abundan. Veinte o treinta trabajadores tabasqueños del Servicio de Limpia se presentan en la Cámara de Diputados, y se desnudan entre los alaridos de los del PRI y los del PAN. Hay huelgas de hambre indefinidas, y huelgas de hambre por dos o tres días. Las sexoservidoras que le exigen a las autoridades de Salud su apoyo en campañas de prevención del sida celebran una misa de Día de Muertos y los asistentes se disfrazan de esqueletos. Y las del Barzón organizan desnudos colectivos de protesta en bancos, plazas públicas, oficinas gubernamentales, monumentos a los héroes. La masificación del Full Monty. En una marcha, un miembro del Barzón, dueño de un circo, aporta dos elefantes y tres contorsionistas. También, y por desdicha, un grupito provocador del Barzón incurre en protestas lamentables: frente a instituciones bancarias, se cosen labios y párpados, se extraen sangre, degüellan burros. Y para no ser menos que los strip-teasers, dos policías que denuncian las extorsiones de sus jefes, se crucifican teatralmente en la vía pública.

No obstante las burlas y las convocatorias un tanto abstrusas a fines de la Era del PRI, persisten las movilizaciones de la sociedad civil de izquierda y centro-izquierda.

X. LA SOCIEDAD DIVERSA Y SUS ENEMIGOS

Antes de 1968, en la apariencia, México es absolutamente homogéneo: una religión, la católica, un partido, el PRI; el autoritarismo de un género en el poder (todos los puestos políticos son de hombres); un modo único de ser varones y hembras; un infierno social a la disposición de los marginales de la economía, la política, las opciones sexuales. Y la diversidad sólo se admite si escenifica la moral ofendida, si hace reír o si ocurre en el campo de las artes y las humanidades. Por eso, las batallas culturales por la diversidad constituyen uno de los mayores avances de la sociedad civil.

"Marginados, ¿cuántas veces al día piensan en su ser?"

En 1953 el voto concedido a las mujeres introduce tibia y aletargadamente el hálito de lo diverso, pero la extrañeza causada por estos derechos electorales se diluye de inmediato. No se alarmen, ellas siempre estarán lejos del poder, lo suyo son las posiciones del rezago, y el voto femenino a lo más produce asomos de la modernidad unificada, y esto sobre todo en la ciudad de México, con los espacios que la explosión demográfica dedica a la disidencia. Pensar en la diversidad en León o Querétaro o en Aguascalientes es, por ejemplo, vaticinar si el joven de "mirada mística" será dominico o jesuita, o si la joven de "masculinidad manifiesta" será la solterona típica o se irá a la capital a dar clases de educación física. Pero por razones poblacionales y de tradición cultural la capital sí admite lo diverso, aunque hasta fechas recientes lo aloje o en ámbitos del privilegio o en espacios cercados por el morbo, los hostigamientos y la noción de pecado. Y el que pretenda ser distinto, que acepte las reglas de la opresión psíquica y se asuma como "subversivo, rojillo, asocial, pervertido". Si el disidente lo es por creencias religiosas, deberá asumir como características de su condición la burla, el choteo, la persecución, la quema de sus templos, la expulsión de las comunidades, el asesinato de sus pastores. Ser protestante en México es saberse minoritario de un modo ridiculizable, y aceptar la marca de la infamia: "Crees en forma distinta, eres antimexicano".

Si la disidencia es política, el castigo es de aluvión: cárceles, asesinatos, despidos de los empleos gubernamentales, acoso, vigilancia, ridiculización y espionaje policíaco. Si en la década de 1940 la consigna del país cerrado llega a su clímax con las campañas de la Unidad Nacional, ya desde la década anterior se proclama una versión imperiosa de la Identidad, eso que compartimos obligatoriamente los mexicanos y las mexicanas. La industria cultural apoya los embates contra la diversidad, y el Estado con la Epístola de Melchor Ocampo, y la Iglesia católica con su poderío moral a cuestas, también decretan la única manera concebible de vivir en pareja. "Y tú, mujer, cuida a tu esposo, obedécelo, respétalo y sigue en todo tiempo sus instrucciones."

El elemento más disonante es el indígena, que no obstante su elevado número carece de toda presencia social. Se crea un ghetto, el Instituto Nacional Indigenista, y se sostienen las actitudes de rechazo, menosprecio, compasión anual y lejanía. Al juzgárseles inferiores, al expulsarlos del horizonte de la mirada armonizadora, se *desaparece* a los indios. "Viven en este país pero no son como nosotros, y una de las pruebas de esto es que son todos iguales." La invisibilidad social es una de las asistencias de "la homogeneidad" que de paso, bendice desde los gobiernos el saqueo de los recursos de las etnias y su explotación inhumana.

Un instrumento del control categórico de la unicidad, de la forja constante de lo homogéneo, es la censura, el producto de un pacto entre la Iglesia católica, el Estado, la versión tradicional de la familia... y el *afán de respetabilidad*, algo opuesto al comportamiento real de la inmensa mayoría, pero en el centro de la idealización social. Ser Respetable no es ser igual a todos, es que todos traten de parecerse a los poseedores de ese bien. Hasta la década de 1980 la censura elimina hasta donde puede lo diverso en cine, teatro, espectáculos, periodismo (La literatura es la excepción). Y uno de sus ejercicios predilectos es la supresión de lo sexual, orgánicamente "indecente". De allí el encono contra las prostitutas, mitificadas para no entenderlas en su dimensión laboral, y sometidas a condiciones laborales de infamia. "Canonicemos a las putas", exige Jaime Sabines en descargo.

Para ser muy diverso se necesita

Los elementos que precipitan el cambio, se acumulan casi inadvertidamente:

☐ Las lecciones de la Historia, en particular las desprendidas de la Segunda Guerra Mundial, con los campos de concentración en donde perecen millones de judíos, gitanos, opositores políticos, homosexuales. La exaltación de una raza obliga a atender el peligro del racismo, no sólo desprecio por los que no son como uno, sino voluntad de exterminio.

◻ La explosión demográfica que en las ciudades liquida el doble espionaje: de la parroquia y de los vecinos. En un momento dado, ya es inútil la existencia del Qué Dirán. Y los grandes escándalos nacionales minimizan a la escandalera de barriada.

◻ La feminización de la economía, que de las aportaciones a los hogares dependen los derechos de las mujeres.

◻ Los cambios internacionales tal y como se expresan en la moda, la literatura, el cine (muy especialmente), el teatro, la televisión y los modos de vida en las metrópolis, especialmente las estadounidenses. El cine genera otros acercamientos a las conductas liberales.

◻ Las teorías y prácticas en torno a la transición de la democracia que normalizan la idea de diversidad política.

◻ El rock, en sí mismo universidad del cambio en aspecto y comportamientos, que como mística juvenil y como industria modifica el acercamiento a la sexualidad y el arte.

◻ El feminismo, que trastoca el control patriarcal, revisa las tradiciones hogareñas, rechaza la idea del cuerpo de las mujeres como territorio del dominio masculino, reivindica la autonomía corporal, se emancipa de la dictadura moralista y da origen a un discurso que obliga a la nueva elocuencia.

◻ El 68, la gran crítica actuada al autoritarismo en México y en muchos otros países.

◻ La lucha de las minorías que reclaman sus derechos ciudadanos.

◻ La fe en la democracia, que pasa de acción declarativa a movilización social.

◻ El crecimiento de las Organizaciones No Gubernamentales.

◻ El afianzamiento, entre críticas y choteos, del concepto de sociedad civil.

◻ Las libertades expresivas en cine, teatro, danza, artes plásticas.

◻ El cambio paulatino en la legislación. (Por ejemplo, el aumento en las penas a los violadores, el reconocimiento explícito de que en sí misma y consensuada, la conducta homosexual no es delictuosa.)

Las minorías sexuales

En junio de 1969, en el bar Stonewall en el Greenwich Village de Nueva York, un grupo de travestis desafía una redada policiaca. A lo largo de tres días un motín de gays y lesbianas inicia el Gay Liberation Front que de Norteamérica pasa a Europa y, ya en el siglo XXI está presente en la mayoría de los países con la correspondiente y anual Marcha del Orgullo en junio. Ahora, la comunidad LGBT (Lesbianas, Gays, Bisexuales, Transexuales) es una fuerza global con muy distintos grados de influencia según los países, la Marcha del Orgullo en Sao Pablo convoca dos millones de personas, en Buenos Aires asisten cerca de cinco mil.

En México, el 2 de octubre de 1978, en la conmemoración del décimo aniversario de la matanza de Tlatelolco, desfila un contingente pequeño del Movimiento de Liberación Homosexual, encabezado por Nancy Cárdenas. Surgen nuevos grupos, los activistas dan conferencias sobre el tema en preparatorias y facultades, hay burlas y resistencia, la televisión privada acepta con timidez el asunto y cancela de inmediato la apertura, hay divisiones profundas (¿de otro modo cómo reconocer que se trata de un movimiento?), y ya para 1985 la pandemia del sida, que en México afecta sobre todo a los gays, trastorna el panorama.

El sida, entre otras cosas, impulsa la salida masiva del clóset. ¿Qué caso tiene ocultarse si la muerte está a la vuelta de un descuido, si los índices de infecciones y muertes señalan la fuerza demográfica de los gays? Los grupos antisida, conformados mayoritariamente por homosexuales, responden a la pandemia con generosidad y altruismo ante la indiferencia de las autoridades y la gana de no enterarse de la sociedad. A los seropositivos y enfermos de sida les tocan los ataques de pánico de familiares y amigos y personal médico, las discriminaciones, los hostigamientos laborales que incluyen con frecuencia los despidos, los malos tratos en los hospitales, la negación de servicios. Sin embargo, la movilización internacional, en especial de las comunidades de Estados Unidos y Europa, disminuye considerablemente el linchamiento mediático de los gays, e inicia la reconsideración del tema.

Por más firme que sea el prejuicio contra los diferentes, la modernidad crítica y la dimensión cultural de la globalización obligan a los gobiernos a reconocer la utilidad del condón y promover a Conasida. Mientras, y en correspondencia, se reconoce que la *homofobia* (el disgusto y el miedo irracional causado por los gays, el odio militante) es un comportamiento antisocial.

En 1997 el candidato del PAN en el DF, Carlos Castillo Peraza sufre una derrota severísima, y uno de los motivos es su campaña contra el condón porque –muy en serio– asegura que perjudica la buena salud del drenaje profundo (¡El látex contra México!). Y en su campaña presidencial Vicente Fox le dice a sus compañeros panistas: "Ya hay que dejar para otras ocasiones esos asuntos como los condoncitos, los table dances, las minifaldas. Eso es para después".

En este paisaje, la noción y el ejercicio de los derechos civiles y los derechos humanos son estímulos primordiales en las luchas de la diversidad. Y es categórico el papel del cine internacional y, parcialmente de la televisión, en la tarea de normalizar psicológica y culturalmente los fenómenos de la diversidad

En su carta de junio de 1999 a la Marcha del Orgullo Gay y Lésbico, el subcomandante Marcos lanza su alegato:

Durante mucho tiempo, los homosexuales, lesbianas, transgenéricos y bisexuales hubieron de vivir y morir ocultando su diferencia, soportando en silencio persecuciones, desprecios, humillaciones, extorsiones, chantajes, insultos, golpes y asesinatos.

Lo diferente tuvo que soportar el ser reducido en su calidad humana por el simple hecho de no ser según una normalidad sexual inexistente, pero fingida y convertida en bandera de intolerancia y segregación. Víctimas en todos los niveles sociales, objetos de chistes, chismes, insultos y muertes, los diferentes en su preferencia sexual callaron una de las injusticias más antiguas en la historia.

No más. [...]

Nada hay que esconder. Ni la preferencia sexual ni la rabia por la impotencia ante la incomprensión de un gobierno y un sector de la sociedad que piensan que todo lo que no es como ellos es anormal y grotesco.

¿De qué tienen que avergonzarse lesbianas, homosexuales, transgenéricos y bisexuales?

¡Que se avergüencen quienes roban y matan impunemente siendo gobierno!

¡Que se avergüencen quienes persiguen al diferente!

Por vez primera un sector de la izquierda mexicana adopta una actitud de tolerancia activa, y de inclusión orgánica de la diferencia a nombre del más excluido de los sectores: el indígena. En el proceso importa sobremanera la batalla cultural en torno a la implantación de unas cuantas palabras clave, constituidas en espacios de desarrollo cultural y, en primera y última instancia, político. Entre ellas: *sexismo, perspectiva de género, gay, homofobia*, crímenes de odio. No se insistirá lo suficiente sobre el avance que otorgan estos términos. Antes del uso de *sexismo*, ¿cómo indicar sin más la condena social sobre los abusos patriarcales?

Antes del uso del término *gay*, ¿cómo evitar la devaluación humana inscrita en voces como *maricón, puto, joto*? Y una ventaja adicional de las palabras clave es su difusión internacional. ¿Qué gana la derecha con hablar de "pervertidos, amorales, contranatura, machos y hembras", si en cable, televisión regular y videos los términos y los ejemplos de la nueva tolerancia y el respeto a la diversidad fluyen como parte de la vida contemporánea?

Es conveniente bosquejar aquí una tesis de Jurgen Habermas: el prerrequisito de la democracia es la existencia de un "público" de individuos que trascienden el interés de grupo y son capaces, debido al libre acceso al conocimiento y la información, y gracias a su autonomía frente al gobierno, de participar en las decisiones del bien común, las grandes y las pequeñas. Por lo mismo, una sociedad democrática propicia la diferencia, no simplemente la tolera. Más allá de su calidad de opinión divergente en la serie de prácticas y puntos de vista muy compartidos, la diferencia debe representar una opinión sistemática. Una minoría articulada, opuesta a los puntos de vista consensados, no sólo ayuda a evaluar el estado de los derechos humanos en cualquier comunidad, sino también determina las posibilidades de cambio de una sociedad.

"Si no son como nosotros, ¿qué hacen aquí?"

A la diversidad se oponen dos cercos: el de la inercia ("¿A quién se le ocurre que las cosas podrían ser distintas?"), y el de la intolerancia. Lo más letal es la inercia, porque revela los grados de ignorancia de los propios avances, e ignora lo obvio: la maduración de la tolerancia, término hoy entendido como el respeto a la diferencia. Si el proceso de la diversidad y la pluralidad es irreversible, también encuentra resistencias activas. Doy ejemplos:

☐ La persistencia airada del racismo que ya no acusa a los indígenas de "raza inferior" sino de "perpetuamente manipulados" (¿Y a quiénes se manipula para siempre sino a los de las "razas inferiores"?).

☐ El uso continuo del término "sectas", ya interiorizado en la sociedad, que alude despectivamente a la condición de todo grupo religioso no católico, teñida según los partidarios de la homogeneidad de sombras, conjuras, prácticas indecibles. Si son sectas nadie tienen por qué protestar si se les mata, se les expulsa de sus comunidades, se les niega a sus niños el ingreso a la escuela, se les queman sus templos. Al cabo son "sectas".

☐ La lucha contra los derechos femeninos no contemplados por la tradición, extraordinariamente mezquina al respecto. En este tema, la incomprensión más cerrada se da en torno a la despenalización del aborto, aunque la intolerancia se expresa múltiplemente, por ejemplo en la táctica eclesiástica de negarle calidad de "familia" a la presidida por una madre soltera.

   □ El ataque a los derechos de las (legítimas) minorías sexuales. Esto lleva a niveles variados de homofobia, a la rapiña policiaca a propósito de "la moral y las buenas costumbres" (jamás definidas y ya desde hace mucho sin la aprobación mayoritaria todavía percibible hace treinta años) y, muy especialmente, a la oposición cerrada a las campañas de prevención del sida y de trato respetuoso y civilizado a seropositivos y enfermos de sida. Aquí la oposición al condón tiene el carácter de lucha simbólica con resultados catastróficos. No sólo remite al sexo fuera de los deberes estrictos de reproducción ("Un hijo por cada coito"), sino revela la frecuencia del coito que, fuera del matrimonio y fines reproductivos, es, de acuerdo a la derecha, "degeneración".

"De eso no se habla"

Tiene razón Ronald Dworkin: "Los derechos individuales son triunfos políticos en manos de los individuos. Los individuos tienen derechos cuando por alguna razón, una meta colectiva no es justificación suficiente para negarles lo que, como individuos, desean tener o hacer, o cuando no se justifica suficientemente que se les imponga alguna pérdida o perjuicio". Esto, irrefutable, exige saber en detalle de qué derechos se dispone. De persistir en el analfabetismo jurídico, a la sociedad diversa la seguirán victimando los dirigentes de la sociedad uniforme.

   Sin que se note en demasía, es decir, sin que se convierta en un hecho de la conciencia colectiva, un vocabulario (que es una jerarquización de los temas) y diversos códigos de tolerancia se vuelven puntos de vista ya no prescindibles. Y por insignificantes que parezcan, estas transformaciones semánticas tienen consecuencias extraordinarias. La mera introducción del término *sexismo* robustece las protestas de generaciones de mujeres que ven resumidas en un vocablo sus críticas al patriarcado; la divulgación del término *género* sitúa la comprensión del tema "más allá de los paseos de Adán y Eva en el huerto del Edén". Así como el vocabulario freudiano modifica en el siglo XX la percepción del deseo y sus prácticas, así el nuevo vocabulario introducido por los movimientos de liberación agranda el espacio público al afectar una de sus zonas mas prejuiciadas: la del habla.

¿Qué es hoy la diversidad? El reconocimiento de una causa internacional en primer término. Nadie quiere iniciar el siglo XXI sintiéndose parte de lo homogéneo. Por supuesto, el reconocimiento es sobre todo verbal, aún cunde la pretensión de gobernar los países como si fuesen una sola persona, y falta mucho para que alcancen el ejercicio efectivo de sus derechos los indígenas, las mujeres indígenas (no exactamente lo mismo), los campesinos y obreros y las campesinas y obreras, los gays, las lesbianas y las confesiones religiosas distintas a la católica. El país diverso es real, el ejercicio equitativo de la diversidad, no. Pero en diez años los logros son efectivos, y el primero de ellos es la certidumbre gradual de los derechos. Del espacio público del presidencialismo transitamos al espacio público de la diversidad.

La diversidad reivindica las causas consideradas menores y marginadas, y establece un territorio que, a groso modo, es el mapa de la nación complementaria, la jamás reconocida, la sumergida en el abandono, el prejuicio, las campañas de odio. Es la nación de los indígenas, los ecologistas, los no católicos, las feministas, los libertarios, los defensores de derechos humanos, los partidarios de la democracia económica, los adversarios de los fundamentalismos, los gays y lesbianas, los defensores de los derechos de los animales, los propugnadores de la ética del futuro, los impulsores de la bioética humanista, en suma, los no incluidos en los escuálidos proyectos de nación de los partidos y los grupos de las clases dominantes. "No sin nosotros", el lema del EZLN, es la consigna de la diversidad en un país en donde tampoco las mayorías tienen garantizados sus derechos, salvo los del ejercicio de la pobreza, la resignación, el prejuicio y el atraso, derechos que sí concede la minoría dominante. De hecho y repensándolo, "No sin nosotros" podría ser la consigna generalizada, en la nación que, en lo relativo a la equidad, siempre se ha caracterizado por incluir a casi todos en la exclusión.

XI. DE VEINTE AÑOS DE SOCIEDAD CIVIL

Antes de 1985 se padece la sujeción absoluta al régimen de los sindicatos, las asociaciones, las organizaciones campesinas, incluso los organismos empresariales. De vez en cuando, un movimiento estudiantil, con la volatilidad previsible, desafía el control, y algo semejante ocurre con la resistencia sindical, pero la sociedad política se impone, y el apotegma del cinismo ("Vivir fuera del presupuesto es vivir en el error") podría extenderse: vivir "fuera del Estado" es aceptar las represiones, las luchas internas, el desgaste, las frustraciones, el siempre comenzar de nuevo.

De la experiencia acumulada de fracasos y dispersiones proviene la urgencia de espacios liberados de las manipulaciones y las opresiones del régimen priísta. Esto explica en 1985 el auge de la "sociedad civil". Luego, en dos décadas, se fortalece la creencia en las soluciones utópicas contenidas en la indefinición de términos como *sociedad civil, movimientos populares, organizaciones sociales* y, ya en la década de 1990, *Organizaciones No Gubernamentales* (ONGs). Se intenta la independencia del Sistema, y se aspira a la autonomía, al "escapismo" donde quedan –¡al fin solos!– los ciudadanos y las organizaciones. Al cambio de costumbres corresponde un deseo de ciudadanía y, crecientemente, de vida democrática, y a este proceso contribuyen activistas, académicos, intelectuales públicos. Los movimientos populares asimilan como se puede las divulgaciones marxistas y/o maoístas, y algo añaden, poquísimo. Se produce inevitablemente la confusión entre ciudadanos y "peticionarios con voz de mando"; se exige como desde fuera del Estado lo concerniente a las políticas públicas: la salud, los derechos agrarios, la vivienda, la dotación de agua, los aumentos salariales. Se implanta –entre divisiones rituales– la izquierda "movimientista", caen en descrédito los partidos políticos, y la convocatoria de masas le corresponde a los liderazgos que le dan a sus seguidores la certeza de participar en un movimiento social.

Un gran estímulo –no sin polémicas, retrocesos y errores considerables de la organización y el líder– lo dan el EZLN y su líder, el subcomandante Marcos, que sitúan la realidad indígena como "lo invisible" que exhibe la falsedad de las versiones oficiales de *lo visible*, y describe a la nación (la Patria en la retórica del EZLN) como la entidad monopolizada por una minoría, y que a lo largo de la historia sólo se abre a golpes de protesta, de resistencia y de lucidez. Se acepta progresivamente la profundidad del racismo, la deshumanización de los radicalmente pobres, la orfandad conceptual y moral de los gobernantes, y lo que Chiapas representa: el mundo de la escasez cercado por la violencia caciquil y gubernamental.

En una década, el EZLN y el universo indígena de México y América Latina, "toman cursos" con la sociedad civil, esto es, con las organizaciones, las personas, los grupos de extranjeros y nacionales que responden a la causa de los marginales. Además de los aportes específicos, esta sociedad civil asiste a encuentros, marchas, reuniones, conciertos, tocadas, sesiones intergalácticas, y repeticiones insaciables del rollo (el martirio de la sociedad civil se inicia en los discursos de los que explican todo desde el principio, como si las suyas fuesen las palabras inaugurales). De manera intermitente pero entrañable, la sociedad civil da lecciones de solidaridad, entrega, cordialidad, sentido del humor, y en momentos, de sana discrepancia expresada como reticencia o alejamiento. (La incondicionalidad desintegra la solidaridad.)

La sociedad civil a principios del siglo XXI: rebeldía, resistencia, anticipación visionaria del altermundismo, incorporación explícita de lo indígena a la vida nacional (la discriminación, así no se perciba, también discrimina a los que la aceptan), rechazo tajante de la versión del Mercado Libre como esclavitud laboral y opresión del consumo. Los desafíos son impresionantes: humanizar la política y la sociedad para humanizar la economía; creer en los demás para no imaginarse el futuro como la explosión demográfica de arcas de Noé... Lo ocurrido y lo vivido y lo pensado y lo aprendido en estos años dispone de momentos climáticos:

☐ La derrota del PRI en las elecciones presidenciales de 2000 y el arribo (anticlimático) de Vicente Fox, del PAN, a la Presidencia de la República;

☐ La fe en *la democracia* y *el cambio* como fuerzas ideológicas (los términos clave anteceden a las explicaciones);

☐ El uso generalizado de un vocabulario proveniente de las ciencias sociales que integra las explicaciones más frecuentes de las catástrofes y las alternativas;

☐ La ubicuidad del término *histórico* aplicado a casi cualquier situación: una reunión *histórica*, un debate *histórico*, un compromiso *histórico*... y el adjetivo resulta un sinónimo de *memorable*, pero con lo que queda del prestigio de ese "juicio final", la Historia;

☐ El deterioro incontenible de la clase política, una expresión que designó al priísmo, y hoy señala la caducidad de los beneficiarios de instituciones desacreditadas y muy ineficaces;

☐ La desconfianza o el rechazo de los partidos, a los ojos de la mayoría meros instrumentos de la utilización de la política como saqueo y botín;

☐ La "despolitización" de los jóvenes, un proceso con razonamientos culturales (la política es lo anacrónico) y psicológicos (ningún acontecimiento político es digno de confianza);

El deterioro del sectarismo cuya expresión más lamentable y puerilizada en los años recientes es la huelga en la UNAM del Consejo General de Huelga (1999), de diez meses de duración;

☐ La presencia disgregadora de las situaciones económicas, que desbaratan un gran número de los planteamientos idealistas. "Es el empleo el que determina la conciencia."

Elijo tres acontecimientos de estos años en materia de sociedad civil y movimientos sociales:

a□ La ciudadanía global

2003. Las imágenes nada más admiten una interpretación: el poderío tecnológico es la cumbre de la unilateralidad. En la Guerra del Golfo las imágenes devienen el espectáculo no requerido de interpretación. La muerte atroz de los seres desconocidos que se vuelven los semejantes, el arrasamiento de su hábitat, el vulneramiento a fondo de la legislación internacional, todo se incorpora a la ausencia de alternativas, y si se prende la televisión se atiende un show casi extraído de un film de James Bond. Con la invasión de Iraq no sucede lo mismo. Lo inverosímil de la guerra no se asimila como espectáculo porque priva el repudio al aplastamiento del débil, y a la mentira grotesca de la existencia de armas químicas. El debate sobre la paz, muy intenso, lleva a otro acercamiento a las imágenes, más crítico y personal. Entre la guerra del Golfo y la invasión, crece la conciencia de los derechos humanos y va arraigando la globalización cultural y ética. "Soy globalizado, y nada de lo que es global me es ajeno", sería el giro inesperado. Si la técnica del castigo selectivo del enemigo es tradición de los imperios, la novedad es la oposición a la guerra de numerosos gobiernos y de la gran mayoría de las sociedades nacionales.

Al desatar su maquinaria trituradora, Bush (entiéndase por esto su grupo, su exacerbada militancia fundamentalista, su electorado efectivo y los sectores de poder financiero que lo patrocinan) intenta aplastar simultáneamente a la nación iraquí y al espíritu de solidaridad y humanismo en el planeta. Su diseño es típico del mesianismo enmarcado por la mercadotecnia; si el imperio incrementa la prepotencia garantiza la impotencia de los espectadores. "Miren lo que les pasa a los que me contradicen y no consiguen defenderse".

En el sentido negativo, ante la ofensiva que no presenta pruebas de "la amenaza al mundo" de Hussein, un tirano siniestro protegido largamente por los gobiernos estadounidenses, no escasean la indignación que parece gastarse en sí misma y la sensación de lo inútil de las protestas. Y aflora el triunfalismo de la derecha convencida del "darwinismo militar": la razón pende de la punta de un misil. (En

México, por ejemplo, el empresario Claudio X. González afirma: "Los principios son para los principiantes", frase de moraleja implícita y explícita: los fines se destinan a las cuentas de banco.) Sin embargo, y un tanto sorpresivamente, emergen en distintos niveles los valores más altos de las sociedades, expresados en las manifestaciones de paz, en la emergencia de la opinión pública en un número amplísimo de países, incluso en la tibia oposición del Vaticano. Y lo iniciado por el altermundismo se concreta: la *ciudadanía global* que continúa y amplía la lucha contra el nazifascismo en la Segunda Guerra Mundial y a favor de la paz durante la guerra de Vietnam.

¿Qué es o qué sería "la ciudadanía global"? Algo ya cualitativamente distinto a las oleadas de solidaridad de otros momentos de emergencia. El 11 de Septiembre unifica el planeta en contra del terrorismo, abominable siempre, y la guerra contra Iraq lleva a rechazar el terrorismo de Estado. La globalización es un hecho, pero las actitudes de los globalizados ya varían intensamente.

Las marchas y las vigilias expresan la preocupación genuina por un país y una cultura totalmente ajenos a la experiencia de la mayoría de los participantes. Y en este punto los ciudadanos globales dependen en grado considerable del estímulo de la información, cuyo reparto alternativo orienta más de los imaginado. No obstante la coordinación muy precaria de las marchas en los distintos países, la "intuición conjunta" y la voluntad orgánica que no requiere de partidos y asambleas, lleva a la calle a vastos contingentes sobre todo de jóvenes, que adquieren en el camino los conocimientos que afinan y afirman la solidaridad. Es inadmisible que un solo país y, más exactamente, un grupito en ese país, se adueñe de las decisiones fundamentales del planeta. Por eso si la movilización antibélica en México y América Latina resulta débil en comparación a la europea y la estadounidense, exhibe de cualquier manera la vitalidad y la racionalidad que persisten internacionalmente.

b☐ La Marcha de la Dignidad del EZLN

2001. Cronología sucinta de los antecedentes directos de la Marcha de la Dignidad del EZLN. En diciembre de 2000, Vicente Fox asume la Presidencia de México, y en su discurso de toma de posesión ordena un repliegue (no una retirada) del Ejército en Chiapas, el desmantelamiento de 53 retenes militares, y el envío al Congreso de la Iniciativa de la Ley de Derechos y Cultura Indígenas, la Ley Cocopa. Y sentencia: "Ahora le toca hablar al EZLN".

El EZLN responde de inmediato y antes del diálogo exige el cumplimiento de tres señales: la aprobación en el Congreso de la iniciativa de la Cocopa, el retiro del Ejército de siete bases en Chiapas y la liberación de cerca de cien presos zapatistas. El 3 de enero de 2001 los zapatistas anuncian su viaje a la ciudad de México e instalan el Centro de Información Zapatista. El 5 de enero, el Presidente quiere desalentarlos. "La paz hay que hacerla en Chiapas." Y si los zapatistas insisten, les previene: "No vengan armados y si es posible no traigan pasamontañas". El 8 de enero, el subcomandante Marcos responde: "Supimos que Fox dijo que no era necesario que fuéramos al DF. Pero que si no había remedio podíamos hacerlo sin pasamontañas. Lo lamentamos mucho, sí vamos a ir al DF y sí vamos a llevar pasamontañas. Organícense, eso sí, va a estar de pelos" (Alusión al uso de esa expresión coloquial por parte de Fox). El gobierno contesta: "En Chiapas el gobierno federal decidió demostrar su voluntad política con hechos y no con declaraciones". El 9 de enero la Secretaría de Gobernación le recuerda a los extranjeros que pretendan acompañar la marcha: "Serán vigilados".

El 10 de enero, en Ocosingo, el panista Luis H. Álvarez, Comisionado para la Paz, preside la entrega formal de las instalaciones de la base militar de Coxuljá. El 16 de enero un grupo de dirigentes empresariales le solicita al Presidente ejerza presión sobre el EZLN para que deponga las armas. El 17 de enero, el Ejército se retira del campamento en la comunidad de Roberto Barrios, en el municipio de Palenque. El 23 de enero, el líder panista de la Cámara de Diputados Ricardo García Cervantes, se niega a hablar con los zapatistas "si éstos llegan encapuchados. Yo no me presto a la chunga. Desde mi punto de vista, la marcha del EZLN es ilegal".

En Davos, Suiza, el Presidente exhorta a Marcos y los extranjeros que lo apoyan a promover el diálogo: "Al señor Sebastián Guillén se le pide la paz, a él y a los que participan en el movimiento". El EZLN insiste: no habrá contactos ni diálogo de no cumplirse las tres señales. En vísperas de la marcha, los empresarios, el PAN y el PRI mantienen su postura inflexible (No a la presencia del EZLN en el Congreso), y el Presidente insinúa su buena voluntad. "Que vengan", en contraste con la cerrazón de los presidentes Carlos Salinas de Gortari y Ernesto Zedillo. En lo particular, este último considera el diálogo (el que sea) una especie nociva y, entre otros detalles, intenta detener a Marcos, es mitómano ("Mi gobierno ha transformado a Chiapas"), alienta con su indiferencia césaro-papista a los patrocinadores de grupos paramilitares, alaba la muy ridícula investigación de la PGR de la matanza de Acteal, y desconoce la firma de sus representantes en los Acuerdos de San Andrés.

"¿Ya ves como sí existe?"

Desde el principio, la Marcha de la Dignidad produce imágenes podero-
sas. Y los fotógrafos y los camarógrafos disponen de un paisaje inusitado:
el viaje de miles de personas, la peregrinación que no se encamina a un
santuario sino al Palacio Legislativo. En los mítines y en los descansos,
miles de cámaras captan las atmósferas, el Zapata's Curious, las expresiones
enmascaradas que trazan en conjunto un solo rostro. ¿Qué se advierte?
En lo previsible, cansancio, embotellamientos, esperas larguísimas, demasiados camiones y automóviles, demandas de abastecimiento. En lo
imprevisible, las multitudes que oscilan entre la ostentación de los sem-
blantes milenarios y el abandono de la timidez expresiva, y que conforman
el nuevo, gran movimiento social de inclusión.

Niños, adolescentes, jóvenes, muchísimas mujeres, representaciones
discretas de la Tercera Edad. (o de los "adultos en plenitud"), y en un
número inmenso de casos, el apoyo a los indígenas que es también el
apoyo a los apoyadores o por lo menos a su aspecto. Tardó demasiado
la Nación en admitir lo obvio: su componente étnico fundamental es
el indígena, y la zona de las marginaciones se ha destinado en primer
lugar a las etnias, y por tanto al desprestigio de los indígenas a-los-que-
se-les-nota-su-pintoresca-condición. Por eso, la consigna dominante
nunca es "¡Marcos, Marcos!", sino "E-Z-L-N", consigna a estas alturas
muy pacífica, porque lo del Ejército se disuelve en la enumeración de
las cuatro letras.

En la recepción a la Marcha intervienen la curiosidad y el morbo,
cómo evitarlos, y también la sensación inasible y real de la contigüidad de
la Historia, esa familiaridad experimentada en 1988 durante la campaña
presidencial de Cuauhtémoc Cárdenas, y acrecentada en el Zapatour, tras
siete años de cerco militar y propagandístico, y de exaltación mediática
de *Chiapas*, la palabra que concentra las condiciones inhumanas de vida
de los indígenas y no sólo de ellos. Atisbar la Historia, inmiscuirse en la
Historia, fotografiar la Historia, ¿qué aliciente mayor? Y las imágenes
confirman la intuición: el presidium indígena con mujeres que portan
flores, las expresiones solemnes que equilibran o incrementan la emo-
tividad, el intérprete para sordomudos, la manta con pretensiones de
mural y el semblante de Zapata. En la Marcha de la Dignidad, signada
por la pobreza económica, lo fundamental es la fusión de las imágenes
con los sentimientos comunitarios aquí llamados *históricos*.

La entrada al corazón de la República

Como todo pertenece de uno o de varios modos al orden simbólico, aún se reconoce al Zócalo como el corazón de la República. Sístole, diástole, diablo cabrón. Tras animar las calles pobladas de ritos y de personas con la expresión jubilosa y la V de la Victoria, luego de algunos ceños de rechazo (inadvertidos) y de observar el regocijo de los niños y la animación en los balcones, la Marcha de la Dignidad, el Zapatour, con su tráiler hegemónico, desemboca en el Zócalo en medio de un calor militarizado. Avanzan los autobuses y los atletas que a la vera de los camiones han corrido como neotarahumaras y los grupos indígenas... y... el catálogo es inabarcable y la crónica es finita. Calculen ustedes: cerca de un millón de personas ha observado en la Ciudad de México el paso de la caravana.

De espaldas al Palacio Nacional, se inmoviliza el presidium, integrado casi exclusivamente por indígenas, algunos con sus trajes típicos, o sus nuevos trajes típicos, las mujeres armadas de flores. Preside una manta: "Bienvenidos EZLN: Nunca más un México sin nosotros".

La bienvenida se dedica, entera, a los indígenas de México en primer término, al EZLN en segundo lugar y, con expectativa y al final, a Marcos. El ¡EZLN! de la multitud, tan metafórico como parezca y sea, recibe a los omitidos de la respetabilidad, de la consideración de los mensajes presidenciales, y de los programas de los partidos, y el acto no se entiende sin la cancelación emotiva del racismo y las discriminaciones.

Tras las ceremonias rituales, se aproxima la hora de las intervenciones elocuentes, y es el momento de Marcos. He acudido al Zócalo demasiadas veces, más de las que admitiría mi escepticismo, y he atestiguado el silencio reverente que rodeó en 1962 la arenga del general Lázaro Cárdenas, que trepado sobre un automóvil defendía la autodeterminación de los pueblos, pero aparte de este ejemplo, las demás intervenciones que recuerdo han admitido con facilidad los comentarios y los chistes y los aportes y las descomposiciones y composiciones de la multitud. Esta vez –alaben o critiquen la actitud, pero así fue– no hay "flujo migratorio" en el Zócalo y el silencio se espesa volviéndose la atención única, obsesiva.

El discurso de Marcos es apenas beligerante. No excita los sentimientos insurreccionales, ni se querella con el planeta. El texto, de intención literaria, aborda la esencia del acontecimiento:

Somos y seremos uno más en la marcha, la de la dignidad indígena, la del color de la tierra, la que develó y desveló los muchos Méxicos que bajo México se esconden y duelen. No somos su portavoz, somos una voz entre todas esas voces, un eco que dignidad repite entre todas las voces. A ellos nos sumamos. Nos multiplicamos con ellas. Seguiremos siendo eco, voz somos y seremos. Somos reflexión y grito. Siempre lo seremos.

La retórica de inspiración indígena, ese *nosotros* que tantos textos y discursos impregna, pocas veces con buenos resultados, acude a la circularidad de las frases que van y vienen, se fijan, se apartan por instantes del ritmo elegido y retornan:

Hermano, hermana indígena, un espejo somos, aquí estamos para vernos y mostrarnos, para que tú nos mires, para que tú te mires, para que el otro se mire en la mirada de nosotros. Aquí estamos, y un espejo somos. No la realidad, sino apenas su reflejo. No la ley, sino apenas un destello. No el camino, sino apenas unos pasos. No la guía, sino, apenas, uno de tantos rumbos que a la mañana conducen.

No venimos a decirte qué hacer, ni a guiarte a ningún lado. Venimos a pedirte humildemente, respetuosamente, que nos ayudes. Que no permitas que vuelva a amanecer sin que esa bandera tenga un lugar digno para nosotros, los que somos el color de la tierra.

c ☐ El Desafuero y la cultura jurídica

A partir de una chicana montada por la PGR, el PAN, el PRI y elementos de los medios, se monta un proceso de desafuero contra Andrés Manuel López Obrador, Jefe de Gobierno del DF. Durante meses se esgrime como argumento supremo el Estado de Derecho, no definido, vuelto al tótem liquidador. El pretexto: el "desacato" de las autoridades del DF a la orden del juez para el ingreso a El Encino, la propiedad un tanto nebulosa de un particular. Es a tal punto burdo, la maniobra y la gana de invalidar los derechos electorales de López Obrador, el precandidato presidencial que encabeza *todas* las encuestas. A diario brotan declaraciones tajantes que sentencian a diez o veinte años de cárcel a AMLO, o lo convierten en el enemigo histórico de las instituciones.

En los meses anteriores al 7 de abril de 2005, se despliegan con impulso creciente los niveles de resistencia de la sociedad civil, y la importancia de la cultura jurídica como patrimonio personal, tanto más imprescindible al evidenciarse la condición ruinosa del sistema de justicia (démosle todavía ese nombre). A diario, se ratifica la vinculación estrecha entre la desigualdad (monstruosa) y el Poder Judicial (muy parcial en el mejor de los casos).

El Desafuero, con las mayúsculas del tema obsesivo durante meses, acapara la atención, y exhibe por contraste el desastre de los partidos políticos (o su equivalente en bandas de asalto al presupuesto), un grupo amplio de empresarios (los milenaristas de la lucha de clases de un solo lado), y el gobierno federal. Pero el ánimo democrático persiste y remonta las oleadas del clasismo y el racismo que localizan en López Obrador a su enemigo perfecto. Es *naco* (el deleite mayor), es agresivo, se empeña en develar el fraude de Fobaproa y, por eso, cada uno de sus errores (no pocos) vuelven a él convertidos en alta traición. Es el rival inmejorable (incitación al tumulto), su dicción se presta al choteo (¡Ah, que los chilangos se oyeran!), irrita su combatividad, y es, en síntesis, el Peje del Mal.

El rechazo del Desafuero se convierte en un movimiento social que incluye a un sector numeroso de antagonistas de López Obrador, al tanto del proceso último de la estrategia desaforadora: expulsar definitivamente a la izquierda de las zonas del poder político. López Obrador no es rigurosamente de izquierda (no de la tradicional, de origen stalinista y horizonte castrista, de discursos que no conceden y escasísima capacidad de convocatoria), viene del autoritarismo priísta y no tiene un programa en materia de los derechos de las minorías. Con todo, es el único del paisaje ligado a la izquierda con posibilidades de triunfo, y la furia y la calidad probadísima de sus enemigos es su gran carta de recomendación. Una muestra, el alegato del subprocurador general de la República, en la Cámara de Diputados el 7 de abril de 2005, *antes* del discurso del Jefe de Gobierno:

> *Como estrategia de medios y con propósitos meramente políticos, el Jefe de Gobierno del Distrito Federal ocupará esta tribuna para cuestionar todo lo habido y por haber, para atacar a personas e instituciones, o para autoerigirse en el abanderado de las causas populares, lo que no podrá hacer nunca, será justificar el abuso de poder que ha realizado desde su cargo al desobedecer la orden de un juez, en violación a la ley y en agravio de la sociedad mexicana.*

Un segundo ejemplo, del discurso del intelectual panista por excelencia, Juan de Dios Castro:

¡Le voy a decir el pensamiento de don Andrés! ¡Él tenía pensado... porque hay una prueba que se llama presuncional! ¡El derecho penal establece que no se puede castigar el pensamiento, pero cuando se traduce en actos externos como, por ejemplo, tratándose del homicidio premeditado, el derecho penal permite saber qué pensaba el homicida! Y así puedo determinar qué pensaba don Andrés con estos elementos.

Al movimiento social contra el Desafuero (si así se le quiere llamar a la voluntad de impedir la cancelación de una opción electoral) lo impulsa el cerco despiadado de los Medios y los grupos de poder, y eso explica el poderío de la Marcha del Silencio, con una asistencia calculada y comprobable de cerca de un millón doscientas mil personas.

Desde el primer instante, cunde la certificación visual: la demografía está de parte de los manifestantes y cuando se dice "somos un chingo," se debe redefinir en el acto cuántos caben en un "chingo", y cuántos integran el río incesante (la metáfora más usada) que sale del Metro, camina aglomeradamente por el Paseo de la Reforma, anula la sensualidad de la carne contigua, deshace la descubierta (¿quién encabeza una explosión demográfica?), convierte avenidas amplísimas en vagones de Metro, politiza el apretujadero, asombra con el milagro de la multiplicación de los seres y las pancartas, incursiona en los huecos de los contingentes en el segundo que se abren, se apresura y se aquieta, es la densidad y es el gusto por la saturación, anota frases, llega de todas partes, colma la Avenida Juárez y Cinco de Mayo y 16 de septiembre, vuelve a la Avenida Madero un símil del fin de los espacios, y, en todo momento, ve rebasados los cálculos más optimistas y observa cómo el pesimismo del conteo se deshace de una ojeada...

La multitud se aloja en cada persona y en la certeza de *lo histórico* del encuentro, y *lo histórico* se localiza con celeridad: nunca se habían reunido tantos en un acto político, nunca tantos había querido imprimirle un contenido ético a su presencia, nunca antes tantos habían sido tantísimos, con lo reiterativo de la expresión.

Tres día más tarde, el presidente Fox alarmado ante la crítica unánime del exterior y ante el ritmo de las encuestas que lo condenan, cede ("Se rinde", dicen los periódicos) y se retracta del Desafuero.

Esto es algo de lo muchísimo que ha ocurrido en veinte años.

Los días del terremoto

La solidaridad de la población en realidad fue toma de poder

(Collage de voces, impresiones, sensaciones de un largo día)

Día 19. Hora: 7:19. El miedo. La realidad cotidiana se desmenuza en oscilaciones, ruidos categóricos o minúsculos, estallido de cristales, desplome de objetos o de revestimientos, gritos, llantos, el intenso crujido que anuncia la siguiente impredecible metamorfosis de la habitación, del departamento, de la casa, del edificio. . . El miedo, la fascinación inevitable del abismo contenida y nulificada por la preocupación de la familia, por el vigor del instinto de sobrevivencia. Los segundos premiosos, plenos de una energía que azora, corroe, intimida, se convierte en la debilidad de quien la sufre. "El fin del mundo es el fin de mi vida", versus "No pasa nada, no hay que asustarse. Guardemos la calma" . . . Y los consejos no llegan a pronunciarse, el pánico es segunda o primera piel, a ganar la salida, a urdir la fuga de esta cárcel que es mi habitación, a distanciarse de esa trampa mortífera que fue hogar o residencia provisional. El crujido se agudiza, en el bamboleo la catástrofe se estabiliza, la gente se viste como puede o se viste sólo con su pánico, el miedo es una mística tan poderosa que resucita o actualiza otras místicas, las aprendidas en la infancia, las que van de la superstición a la convicción, las frases primigenias, las fórmulas de salvamento en la hora postrera.

El 19 de septiembre, en la capital, muchos carecieron de la oportunidad de profundizar en su miedo.

☐

—*Me di cuenta de todo a fondo, como que el pavor lo hace a uno consciente de cada movimiento, y al mismo tiempo, como que el pavor es una inercia autónoma. Advertí que sólo pensaba en mí mis-*

mo, y que trataba como podía de pensar en los demás, en los míos.
Me afligía y me serenaba, pero sin dejar de hacer las cosas, de gri-
tar, de apresurar, de tranquilizar, de planear la salida, todo tan ace-
lerado que no oía, sólo veía espectáculos. Estaba aterrado, pero el
llanto de mi hija retumbaba dentro de mí, era interminable, lo seguí
oyendo mucho rato después.

☐

El sonido de los desplomes, las imágenes de los derrumbes, las po-
ses fantásticas de los edificios al reducirse abruptamente a escombros. Paulatinamente, en un lapso de dos o tres horas, los habitantes de la ciudad se asomaron a la dimensión de lo ocurrido, los hoteles
y condominios en tierra, las escuelas y los hospitales desvencijados,
la precipitación del gran edificio de Tlatelolco, las miles y miles de
víctimas, la respuesta masiva ante el desastre. Se implantan, con reiteración orgánica, los términos que en los casos extremos cubren las
dos funciones: descripción y síntesis, evaluación y pena: *Tragedia,*
bombardeo, catástrofe, vocablos que, en primera instancia, son declaraciones de impotencia ante las fuerzas naturales, pesadumbre que
al magnificarse se precisa, relatos que ya no necesitan extenderse.
　　El primer panorama lo proporcionó la radio, entre otras razones
por estar sin luz gran parte de la ciudad y por hallarse Televisa cinco horas fuera del aire. La coordinación informativa de la radio,
hizo posible una visión de conjunto, que la experiencia personal complementó: tráfico congestionado, la colonia Roma cruelmente devastada, el Primer Cuadro zona de desastre, en un radio de 30 kilómetros cerca de 500 derrumbes totales o parciales, explosiones,
alarmas insistentes sobre fugas de gas, incendios, cuerpos mutilados, noticias sobre la desaparición de grupos enteros de estudiantes, turistas aislados en su desamparo, hospitales evacuados, cuadrillas de socorristas y voluntarios, familiares desesperados, crisis
de angustia en las calles, gritos de auxilio provenientes de los escombros, demanda de ropa, víveres y medicina, solicitud prodigada de
calma. Poco a poco, el miedo cedió paso (o coexistió junto) al dolor, la incertidumbre, el deseo de ayudar, el azoro. "La peor catástrofe de la ciudad de México."

☐

El olor es penetrante, distinto, en cierta manera inaugural. Es un
olor atribuible a la muerte, a las fugas de gas, a la percepción tras-

tornada, al susto que se esparce en frases: "No fumen, no prendan cerillos, pasen con cuidado, aléjense, aquí hay peligro". En el centro, en la colonia Roma, cerca de los ostentosos fiambres arquitectónicos, el olfato actúa a la caza de datos de alarma, de informaciones que ratifiquen la condición agónica de los lugares. En la exacerbación olfativa hay pánico, sospecha de hedores inminentes, certeza de que, entre otras cosas, la ciudad no es ya la misma, porque uno está consciente, ávidamente consciente de la terrible variedad de sus olores.

☐

De todas partes llegan a sumarse a los bomberos, a los granaderos, a los trabajadores del Departamento Central y de las delegaciones, a los policías del DF y del estado de México. Convocada por su propio impulso, la ciudadanía decide existir a través de la solidaridad, del ir y venir frenético, del agolpamiento presuroso y valeroso, de la preocupación por otros que, en la prueba límite, es ajena al riesgo y al cansancio. Sin previo aviso, espontáneamente, sobre la marcha, se organizan brigadas de 25 o 100 personas, pequeños ejércitos de voluntarios listos al esfuerzo y al transformismo: donde había tablones y sábanas surgirán camillas; donde cunden los curiosos, se fundarán hileras disciplinadas que trasladan de mano en mano objetos, tiran de sogas, anhelan salvar siquiera una vida.

Los oficios se revalúan. Taxistas y peseros transportan gratis a damnificados y familiares afligidos; plomeros y carpinteros aportan seguetas, picos y palas; los médicos ofrecen por doquier sus servicios; las familias entregan víveres, cobijas, ropa; los donadores de sangre se multiplican; los buscadores de sobrevivientes desafían las montañas de concreto y cascajo en espera de gritos o huecos que alimenten esperanzas. Al lado del valor y la constancia de bomberos, socorristas, choferes de la Ruta 100, médicos, enfermeras, policías, abunda un heroísmo nunca antes tan masivo y tan genuino, el de quienes, por decisión propia, inventan como pueden métodos funcionales de salvamento, el primero de ellos, una indiferencia ante el peligro, si ésta se traduce en vidas hurtadas a la tragedia. Basta recordar las cadenas humanas que rescatan un niño, entregan un gato hidráulico o un tanque de oxígeno, alejan piedras, abren boquetes, sostienen escaleras, tiran de cuerdas, trepan por los desfiladeros que el temblor estrenó, instalan los "campamentos de refugiados", cuidan de las pertenencias de los vecinos, remueven escombros, aguardan durante horas la maquinaria pesada, izan cuerpos de víctimas, se enfrentan consoladoramente a histerias y duelos.

Por más que abunden noticias de pillaje, abusos y voracidad, tal esfuerzo colectivo es un hecho de proporciones épicas. No ha sido únicamente, aunque por el momento todo se condense en esta palabra, un acto de *solidaridad.* La hazaña absolutamente consciente y decidida de un sector importante de la población que con su impulso desea restaurar armonías y sentidos vitales, es, moralmente, un hecho más vasto y significativo. La sociedad civil existe como gran necesidad latente en quienes desconocen incluso el término, y su primera y más insistente demanda es la redistribución de poderes. El 19 de septiembre, los voluntarios (jóvenes en su inmensa mayoría) que se distribuyeron por la ciudad organizando el tráfico, creando "cordones" populares en torno de hospitales o derrumbes, y participando activamente —y con las manos sangrantes— en las tareas de salvamento, mostraron la más profunda comprensión humana y reivindicaron poderes cívicos y políticos ajenos a ellos hasta entonces. Fueron al mismo tiempo policías, agentes de tránsito, socorristas, funcionarios del ayuntamiento, médicos, enfermeros, diputados, líderes vecinales, regentes. Por eso, no se examinará seriamente el sentido de la acción épica del jueves 19, mientras se le confine exclusivamente en el concepto *solidaridad.* La hubo y de muy hermosa manera, pero como punto de partida de una actitud que, así sea efímera ahora y por fuerza, pretende apropiarse de la parte del gobierno que a los ciudadanos legítimamente les corresponde. El 19, y en respuesta ante las víctimas, la ciudad de México conoció una *toma de poderes,* de las más nobles de su historia, que trascendió con mucho los límites de la mera solidaridad, fue la conversión de un pueblo en gobierno y del desorden oficial en orden civil. Democracia puede ser también, la importancia súbita de cada persona.

☐

En una casa frente al parque, la señora de edad observa por la ventana. Socorristas y vecinos la instan a salir, el lugar es inseguro, los derrumbes próximos auguran lo peor. Ella se resiste, ve con sorna al reportero de televisión, cierra y abre la ventana con enfado y parsimonia, se aleja y vuelve. Los llamados a la huida se acrecientan. "Salga, señora. Por favor. ¿Qué no ve cómo está la situación? No sea terca." Se esconde, y cuando vuelve el reportero de la televisión ya se ha ido, y ella hace un gesto triste, como de quien perdió algo entrañable. Responde: "Aquí estoy a gusto. Déjenme en paz". Y de nuevo cierra la ventana y se retira, y dos minutos después ya está con su público. Las vecinas se obstinan, la llaman por su nombre, la regañan. Ella replica tajante: "Aquí me quedo", y mira con melancolía a su alrededor, segura de las causas de su persistencia. ¿A dónde podría ir? ¿Qué caso tiene el exilio a estas alturas? A su modo, y sin pretender el rango de símbolo, ella representa en buena medida el espíritu que anima a la ciudad misma, devastado, contaminado, violentado, expoliado y, sin embargo, orgulloso de su terquedad.

□

—Lo más insoportable durante el día fueron los gritos de auxilio. Allí estaban esas montañas de escombros, de acero y cemento, y nosotros sin el equipo necesario, sin plumas (grúas) ni escaleras telescópicas ni trascabos, sólo con palas y picos y tenazas. La impotencia ante la agonía de alguien que está nomás a unos pasos, es lo peor que me ha pasado, se lo juro. Mire, rescatamos a una señora que se la pasó gritando, incontrolada, que salváramos a su esposo y a sus hijos que se hallaban bloqueados por un techo. Ella lloraba, y los cadáveres de sus familiares allí muy cerca, pero no los reconocía, no veía nada ni aunque hubiera querido. Sólo lloraba y gemía, y repetía nombres. Un voluntario muy jovencito no aguantó y se puso también a chillar. No se le ocurrió otra forma de ayudarla.

Otros nomás llegaban y decían: "Ya encontramos dos muertitos", como para interponer el diminutivo entre ellos y su conciencia del drama. Y luego el horror de ir descubriendo dedos o piernas o brazos, padres aferrados a cuerpecitos yertos, niños con su oso de peluche, señoras con el crucifijo en las manos, quién me borra esas imágenes. Y a eso agréguele el sonido de las ambulancias y de las patrullas, el ruido de los carros del ejército y de los camiones, el desmadre de las maquinarias pesadas, de las carretillas, las palas, las barretas, los marros, la gente que se hablaba casi en alaridos, y a la que de cuando en cuando se exigía silencio, "silencio, por favor, silencio absoluto", para ver si localizaban el sitio de origen de una voz que pedía auxilio, aunque a veces había quienes imaginaban oír esas voces, y se buscaba y no había nada. Pero en todos nosotros, no necesito jurárselo, había una ansiedad de salvar vidas, de excavar y excavar para ver la alegría de un resucitado.

☐

—Era un infierno o una pesadilla, o lo que se te ocurra. Se derrumba la escuela, y quedan atrapados cientos de niños. Cuando llegué, ya había una multitud de padres de familia reclamando, rogando, rezando. Los papás estaban más enloquecidos que las mamás, y lloraban y se mesaban los cabellos, con un egoísmo siniestro y entrañable cuando veían que su hijo no era ninguno de los rescatados. Querían meterse a fuerzas a rescatarlos, pero hubiera sido muchísimo peor, sin experiencia, sin disciplina y dementes como estaban. Nubes de polvo, bomberos, ambulancias, llantos y demandas de auxilio. Un señor anunciaba el fin del mundo, una mamá organizó un rosario y varias se desmayaron. Y no se podía hacer nada, excepto pedirles que se apaciguaran y dejaran trabajar en paz a los bomberos... Yo en su caso hubiera hecho lo mismo.

☐

—Lo del Centro Médico fue también horrible, y ese terror, el mío, el de mis colegas, el de las enfermeras, el de los mozos y el de los enfermos, todavía me impregna. Había que evacuar velozmente, porque ya por lo menos cuatro edificios estaban muy dañados: Traumatología, Pediatría, Oncología y Ginecología. Las escenas eran funestas y alucinantes, enfermos que estaban seguros del fin del mundo, enfermos que nos daban ánimos, la muchedumbre de familiares allá afuera, los soldados. Lo que más impresionó fue ver cómo en un instante se disolvía el abismo entre médico y paciente, y ambos nos convertíamos en víctimas.

☐

—La salida del Metro estuvo de película. Con lo asustado que estaba, no conseguí quitarme de la cabeza fragmentos de escenas con terremotos y torres que se incendian y poblaciones en fuga. Al principio, al oír los ruidos y los crujidazos y ver que el convoy se detenía, me puse lívido, y me dije: "Ora sí ya". Luego el conductor habló y nos calmó, y nos pidió que no nos moviéramos. Y allí nos quedamos largo rato, tratando de exhibir o de inhibir el pánico. Yo no lo sé ocultar pero los demás tampoco. Luego nos sacaron por el túnel, desfilando, muy quietecitos, como si toda la vida hubiéramos sido disciplinadísimos. Ya fuera, el susto se me acumuló. Nun-

ca supuse que vería algo así, cerros de cascajo por todos lados, alarmas ante posibles incendios, humo, cables eléctricos destrozados, fugas de agua y de gas, aguas negras que invadían la calle, banquetas levantadas. "Parece que hubo guerra", era el comentario unánime. Caminé por donde pude, de acordonamiento en acordonamiento, de sorpresa en sorpresa, un reconocimiento de la ciudad que nunca me esperé, y lo que más me asombró desde luego fue el Hotel Regis. Impresionante. Han pasado ya diez horas y sigo pensando en el instante mismo del derrumbe, cuando tronó esa mole y la Avenida Juárez se cubrió de polvo y desechos, y crecieron y se apagaron los alaridos. No es morbo, lo juro, es la imposibilidad de ocuparme de otra cosa.

Me seguí por Madero y luego por Pino Suárez. Llegué al conjunto Pino Suárez cuando ya uno de los edificios se había derrumbado, y otro nomás se mecía traidoramente. Acababan de sacar de la estación del Metro a unos cuantos, y el cordón estaba muy estricto. Durante un cuarto de hora o algo así no logré despegar la vista de esa torre de Pisa. Era un alucine, como si el pinche edificio tuviera vida propia y no acabara de decidir su suerte. Se oye muy pendejo eso de "un edificio con vida propia" pero me cae que el efecto era hipnótico. La gente allá abajo, viéndolo con la mayor precaución, ráfagas de silencio, intromisiones de silencio, el sol, el encandilamiento, y un edificio oscilante, que se movía muy lentamente, una sentencia rítmica inacabable.

☐

Luego que se rescaten a los últimos, se regularicen la luz, el agua y los teléfonos, y se minimice el peligro, vendrá otra forma de lo peor. Falta para que esto termine, y nos tocará enterarnos, de modo fragmentario de seguro, de las proporciones de la catástrofe, de la identidad de amigos fallecidos, de los detalles dramáticos que ahora se nos ocultan, de lo que sucedió con los atrapados, con los sepultados en vida. Y acto seguido, la remoción de escombros, la eliminación de los edificios que son ya amenazas graves, el número de los desempleados por el temblor, la reubicación de las dependencias de gobierno y los centros de trabajo, la reconstrucción del Centro Médico y los hospitales, las indemnizaciones que correspondan... Y los relatos maravillosos y tristes, el milagro de estar vivo, la aparición de una lámpara anunciando el auxilio, el recuerdo doloroso de los compañeros aplastados, la sensación de culpa ante los padres de los que no lograron escapar, los diálogos recuperados. (Un reportero a un joven sobreviviente del edificio Nuevo León: "Te has salvado". Respuesta: "No sé todavía".)

☐

—*Esta tragedia es de largo alcance y nos involucra a todos, con o sin frases hechas. A lo mejor te parezco muy discursivo, pero elegí el rollo para no ponerme a llorar.*

☐

De la conmoción surge una ciudad distinta (o contemplada de modo distinto), con ruinas que alguna vez fueron promesas de modernidad victoriosa: el Hotel Regis, la SCOP con sus extraordinarios murales de Juan O'Gorman, el Multifamiliar Juárez, la Unidad Nonoalco-Tlatelolco, Televisa, el Centro Médico, el Hospital General, la Secretaría de Comercio. . . Allí, mientras alrededor crecen los problemas de agua, de luz, de comunicación telefónica, de drenaje, 50 mil personas trabajan ante un apocalipsis de cascajo y polvo. El duelo honra de modo genuino a los miles de víctimas y este sentimiento de tragedia que es lealtad nacional y humana se reafirma ante cada información estremecedora: la niña de seis años que duró más de un día en los escombros protegida por los cadáveres de sus padres y que al ser rescatada, exigía que se extrajeran sus cuerpos; el joven que ha esperado más de 20 horas inmóvil, frente al edificio en que está atrapada su madre; los bomberos y marinos y socorristas y voluntarios y policías que distribuyeron anónimamente proezas y generosidad en la vigilia de los acordonamientos y de las búsquedas con grave riesgo.

☐

Viernes 20. 7:38 de la noche. Inevitablemente, el nuevo temblor afianza el pánico. El miedo se extiende y se prodiga en los rezos en plena calle, en los hombres y mujeres hincados sollozando, en las frases incoherentes dichas a nadie desde la angustia, en expresiones verbales contra las autoridades invisibles. Como antes, la gente confió por unas horas en la nobleza protectora de la calle y muchísimos prefirieron caminar desconcertados y ansiosos a la deriva, la zozobra es la sombra de las multitudes que acuden al Zócalo esta noche a modo de peregrinación, en grupos crecientes, implorando de seguro el ánimo protector de los poderes allí instalados. Mientras, continúan las noticias de derrumbes (presentes e inmanentes) y fugas de gas, los llamados a la población para que identifique cadáveres, y no se deje gobernar por nervios alterados y rumores. En el primer instante, la exhortación a la calma fue inútil en lo que buena parte de los capitalinos se refiere. El segundo temblor ostensible apuntaló la vocación milenarista, las consejas previsibles sobre el fin del siglo, las conversaciones circulares en torno a la necesidad y a la imposibilidad de largarse de este hoyo.

Entre hambre de noticias confiables y sonido de ambulancias, la solidaridad persiste, y en buena medida la toma de poderes cívicos. Se rescatan con vida algunos desaparecidos, sigue llegando la ayuda de nacionales y de gobiernos e instituciones extranjeras, se ofrecen escuelas y frontones como albergues, el deseo compulsivo de ayudar va de los radioaficionados a los cuerpos de seguridad y rescate, pero la buena y magnífica voluntad se detiene ante la escasez de recursos. Existe, es la conclusión preliminar, un espíritu cívico y nacional más vigoroso de lo que se suponía. Hay también el agravamiento de la desmoralización fundada en la crisis, hay pesadumbre, y un dolor que es conciencia de sociedad y de país, contagiado y solidificado por los relatos de la destrucción. Gracias a la reverencia por la vida probada ahora, en diversos y amplios sectores se profundiza un nuevo pacto social cuya suerte dependerá en enorme medida de la lucha democrática por la racionalidad urbana.

[20 de septiembre. Publicado en *Proceso* el 22 de septiembre]

Catálogo de las reacciones

En un instante las seguridades se trituran. Un paisaje inexorable desplaza al anterior. Cascajo, mares de cascajo, varillas, la desolación es el mar de objetos sin sentido, de edificios como grandes bestias heridas o moribundas. El llanto desplaza a la incomprensión. El azoro anula el llanto. En los rostros lívidos las preguntas se disuelven informuladas. El dolor asimila el pasmo. El pasmo interioriza el sentido de la tragedia.

Absortos, los sobrevivientes peregrinan, ansiosos de un punto de apoyo confiable para su mirada. Los testimonios, con ligeras variantes, siguen una línea fija, la de la angustia extrema entre las convulsiones de la tierra, el crujido de los edificios, las demoliciones de la naturaleza, las escenografías del asolamiento:

□ Los instantes previos al temblor, los detalles de la confianza: "Iba a entrar al baño. . . Dormía. . . Preparaba el desayuno. . . Llevaba los niños a la escuela".

□ La sensación intraducible del miedo, del fin de seres y de cosas.

□ El proceso de la salvación individual. La solución inesperada. Las anécdotas del rescate.

□ La culpa y la alegría de estar vivos.

□ La preocupación indetenible por los demás, los hijos, la madre, el compañero o la compañera, la familia, los amigos, los vecinos.

□ La prisa en el rescate de los seres próximos o de los perfectos desconocidos.

□ El enfrentamiento a la autoridad, representada por los cordones del ejército y de la policía, cuyo sentido de la disciplina pasa por encima de los requerimientos del dolor o la solidaridad.

□ La crisis de impotencia en individuos y grupos.

□ Las primeras conclusiones morales y políticas, entre ellas la muy lacerante: a la acción de la Naturaleza la potenciaron la corrupción, la ineficacia, el descuido. Esto se traduce en crítica al gobierno, que debe exigir calidad en la construcción y en el mantenimiento, y respeto a las normas de seguridad.

NOTICIERO I ■ "¡ESTÁ TEMBLANDO!"

A las 7:19 de la mañana del 19 de septiembre de 1985, uno de los peores terremotos en la historia de la ciudad de México aporta 15 o 20 mil muertos (nunca se sabrá la cifra exacta), segundos y días de terror prolongado, miles de edificios caídos y dañados, hazañas de los individuos y de las multitudes, tragedias y desajustes psíquicos, imágenes terribles y memorables, alcances de la cooperación internacional, y límites de la burocracia y poderes del Estado.

"El sismo en sí —declara el geólogo Zoltan de Czerna— tuvo una magnitud de 8.1 en la escala de Richter, y sin duda alguna, resultó de un brinco liberador de energía elástica, que vino acumulándose a raíz de la convergencia de la Placa Norteamericana y la Placa de Cocos." Para otros geólogos, la intensidad fue mayor. Lo irrefutable son las consecuencias. Sobre las calles se acumulan muebles, marcos de puertas y ventanas, vidrios, papeles, incontables objetos. Se levantan las planchas de concreto de las banquetas, el pavimento se hunde o se agrieta. Al caer los edificios el polvo se convierte en un velo oscuro sobre una zona muy vasta. Se multiplican los incendios y las fugas de agua y de gas. Pronto, el sonido dominante es el de las patrullas: de la Cruz Roja, del IMSS, del ISSSTE, de los bomberos, de la policía.

Cientos de miles resumen con aflicción tradiciones milenarias: "Dios lo quiso". "Dios le dio la espalda a sus hijos." "Ya estaba escrito en la Biblia." La gente huye de sus viviendas, se lanza inútilmente a los teléfonos, peregrina en busca de sus familiares, se aglomera en las puertas de los hospitales, oye acongojada las súplicas que brotan de las nuevas prisiones de cemento, previene un tanto tardíamente contra el uso de los elevadores.

A la tragedia la sigue y la profundiza el desmoronamiento de los servicios citadinos. No hay agua en una tercera parte de la ciudad, y falta la luz en casi toda la zona metropolitana (hay cinco subestaciones de la Comisión Federal de Electricidad muy dañadas). Al desplomarse los edificios de las centrales telefónicas Victoria y San Juan, se corta la comunicación telefónica en la ciudad, y los servicios 02 y 09 que enlazan con el resto del país y el extranjero. Al quedar fuera del aire por unas horas Televisa (se derrumban la torre maestra y gran parte de sus instalaciones con gran costo de vidas), las estaciones de radio en primer término, y en buena medida la televisión oficial, concentran avisos y recados de familiares desesperados.

La tragedia —pronto se sabe— es mucho mayor de lo que se creía en las zonas escasamente afectadas. La policía y los bomberos trabajan intensamente. La Secretaría de la Defensa Nacional anuncia que se pondrá en marcha el Plan DN-III. El rumor agiganta la realidad: destruidos los hospitales, las colonias Roma, Guerrero, Obrera, Morelos, el barrio de Tepito... La información esparce nombres como nuevos cementerios: el Hotel Regis, el edificio Conalep de Balderas, Televisa, el Centro Médico, el Hospital Juárez, el edificio Nuevo León en Tlatelolco, la Secretaría de Trabajo en la calle Río de la Loza, la Secretaría de Comunicaciones, el Multifamiliar Juárez, la Secretaría de Comercio, la Secretaría de Marina . . . Los periódicos vespertinos son tan escuetos como se los permite la ocasión: "¡OH DIOS!" y "¡TRAGEDIA!". Hay cese general de labores y se suspenden las clases en la UNAM y en la Secretaría de Educación Pública.

Tarda en aclararse la información. Luego de sobrevolar la ciudad, el Presidente visita zonas devastadas: Tlatelolco, Juárez y Balderas, Pino Suárez, el Centro Médico. Esa tarde ordena tres días de duelo oficial con la Bandera Nacional a media asta, y anuncia la comisión especial que atenderá las consecuencias del sismo, encabezada por el regente Ramón Aguirre. De la Madrid añade: los recursos del gobierno son *suficientes* en la emergencia, "tenemos los medios para hacer frente a esta desgracia". En la parte de la ciudad ya calificada de *zona de desastre*, decenas de miles abandonan sus viviendas y se acomodan en parques, en camellones, en casas de parientes, en las aceras, en los departamentos de amigos. La ciudad es un hospital móvil, un deseo común de aprovisionar albergues, la gran conversación circular.

El doctor Ismael Herrera, del Instituto de Geofísica declara: "No habrá otro terremoto". Se suspenden los espectáculos públicos y la venta de bebidas alcohólicas. Son muy cautas las cifras oficiales: 2 mil muertos. El regente anuncia la normalización del suministro de agua potable en tres o cinco días más. El director del IMSS, Ricardo García Sáinz informa: están derruidos los hospitales de Oncología, Traumatología, Obstetricia, Ginecología y Pediatría en el Centro Médico. Las estaciones de radio y televisión llevan mensajes de familias capitalinas al resto del país. El terremoto deja daños considerables en Zihuatanejo, en Ciudad Lázaro Cárdenas y, sobre todo, en Ciudad Guzmán, Jalisco. Sin embargo, la cultura del centralismo relega e ignora tales devastaciones. En términos comparativos, es mínima la ayuda a la provincia.

Una por una se localizan las zonas más afectadas. La colonia Roma es, según todos los testimonios, "perímetro del bombardeo". Cables caídos, edificios cuarteados o derrumbados, personas a la deriva, ambulancias, soldados, vallas de scouts y policías, familiares en plena angustia, la danza casi imperceptible de las linternas de mano. En el Hotel Regis los bomberos son nuevamente heroicos y combaten durante tres días el incendio, sin darse reposo, valientes, estoicos. Los signos de la catástrofe se prodigan: humo, sirenas, llamadas de auxilio, convocatorias al trabajo urgente.

En el Parque del Seguro Social se instalan tres carpas ("Cuerpos identificados", "Cuerpos no identificados", "Restos"). Los parientes o amigos atraviesan el cordón sanitario, y son objeto de una fumigación que les permite acercarse a los cuerpos. Se les ve cansados, tristísimos, con ocasionales destellos de esperanza. Los no identificados van a la fosa común. Con celeridad, 50 mecanógrafos se encargan de las averiguaciones previas, las actas de defunción, las órdenes de traslado y salida. Se vacuna contra el tétano y la tifoidea y se reparten tapabocas. A los cadáveres se les protege con cal, se les inyecta formol y se les rodea de grandes bloques de hielo para contener en algo el proceso de descomposición. El olor se percibe a tres cuadras. Casi nadie reprime el llanto y las náuseas. Es arduo el reconocimiento: hay muchos cuerpos deformes, aplastados, mutilados, hinchados, las facciones convulsas, fijadas en el instante del terror.

Los familiares abandonan el Parque en dirección a los panteones de Dolores, San Nicolás Tolentino, San Lorenzo Tezonco. En el barrio de San Juan Insurgentes los voluntarios masifican la producción de féretros, unas cuantas tablas clavadas y fumigadas. En San Lorenzo Tezonco exhuman restos para hacer lugar, mientras continúa incesante el movimiento de ambulancias y carrozas. Una anciana se queja: "¿Ya ven? Ni coronas ni flores, ni nada. Por lo menos una misa y una cruz". Los entierros son veloces, y ni siquiera hace falta entregar la dispensa de autopsia. Las palas resultan insuficientes, y se recurre al concurso de los familiares. En la noche, llegan a San Miguel Tezonco camiones de volteo del DDF con cadáveres no identificados. No hay fosas suficientes.

Según testimonio de un sepulturero que no quiere identificarse, la falta de control desmiente la pretensión de exactitud de las autoridades:

Nos ordenaron cavar tres agujeros, cada uno de 25 metros de largo por 5 de ancho y casi tres de profundidad. Primero les pusimos cal, y luego echamos sobre él como 200 cuerpos que venían en bolsas de plástico; luego les volvimos a echar cal y después les volvimos a echar otro montón de tierra. Así lo hicimos sucesivamente hasta que se completaron los primeros mil.... Tenemos terminantemente prohibido dar datos de lo que aquí sucedió, y espero que no me eche de cabeza, porque me corren (*El Heraldo*, 2 de noviembre de 1985).

A lo largo del día se acrecientan el caos vial y las maniobras del Ejército y la policía. Se imponen preguntas ubicuas: "¿Quién me puede informar del paradero de. . .?", "¡Dígame. Quiero saber si está vivo o está muerto!" De las zonas acordonadas siguen saliendo personas con maletas, o con sólo una cobija sobre los hombros. En la Alameda Central acampan 50 familias. Es frecuente ver a solitarios que rezan o murmuran: "¡Dios mío, ya no, ya no!"

"Perdóname, Dios mío"

Los sismos del 19 y, sobre todo, del 20 de septiembre devuelven, a través del pánico a las convicciones de la infancia y, por unos días, eliminan la señal básica de la "decencia mexicana": el miedo al ridículo. Sin fijarse en los vecinos (es decir, sin fijarse en su propio comportamiento), individuos y familias rezan padrenuestros en las aceras, exhuman el temor de Dios y el amor a la Virgen Morena, invocan a deidades conocidas y desconocidas, lloran, se abrazan, intiman con los desconocidos.

Los templos se llenan y la Basílica de Guadalupe, donde miles de personas acampan, es el gran centro de negociaciones con el Cielo: "Dame seguridad y te devuelvo mi fe". Por la Calzada de los Misterios la gente, rumbo a la Basílica, transporta alimentos, cobijas, cajas con ropa, radios de transistores. Quienes van de rodillas piden perdón de todas las maneras. Cunden los rezos larguísimos de una sola palabra: "¡Piedad!" La escena se prodiga: los rosarios desmenuzados a gritos, la histeria elaborada como devoción. Se repite la frase: "O nos metemos en cintura o nos irá peor".

El momento le pertenece al pacto entre religión y cultura laica. Se implora a Dios como la técnica favorita de neutralización de fuerzas naturales. De hinojos, se gana tiempo para la irrupción de las soluciones prácticas. De pie, se aguarda la modernización de las creencias remotas. Al principio, aunque en la solidaridad es evidente el componente cristiano, persiste el "¡Arrepentíos, réprobos!". En el primer momento, la Jerarquía no desiste, por reflejo condicionado, de sus lluvias portátiles de fuego y su inspección piadosa de las puertas del infierno, y un sacerdote interpreta los hechos como castigo de Dios ante la prostitución en la colonia Roma, y un obispo ve en el terremoto una crítica al nefando Artículo Tercero de la Constitución, que se opone a la enseñanza religiosa en las escuelas públicas. Con infortunio Monseñor Genaro Alamilla describe a Dios castigando los pecados, del mismo modo en que en un sermón al año de la tragedia, el 19 de noviembre, el cura de San Juan Ixhuatepec responsabiliza del desastre a los vicios del pueblo. Luego, esto cambia de manera drástica. Hay donativos papales y de los católicos norteamericanos, y se instala el Fondo de Ayuda Católica, que atiende sobre todo la zona del centro.

Paisaje declarativo. Cuando allá se pase lista

□ "Dentro de las desgracias que causó el terremoto, también produjo cosas buenas, y una de ellas es que cada día más católicos acuden a las iglesias principalmente los domingos. Por lo común pasábamos dos horas diarias en el confesionario. Ahora son siete horas, y por lo menos son tres minutos por penitente. La gente está asustada." Cura José Reyes Chaparro, de la parroquia de San Antonio de las Huertas. *La Prensa*, 27 de octubre de 1985.

□ "Con el terremoto, Dios nos está diciendo: ésta no es tu patria, no creas que tu país es eterno, la única patria que no terminará jamás es la del más allá. Él (Dios) nos quita la vida cuando quiere... el terremoto es para bien, no para mal. A cambio, Dios nos está dando cosas superiores, aunque no quieran verlas; nos estamos haciendo más hijos de Dios y seríamos tontos y malagradecidos si no entendiéramos esto." Sacerdote Gabriel Rodríguez Martín del Campo, en la Basílica de Guadalupe. *Revista Unificada*, octubre de 1985.

□ "No es un castigo propiamente dicho, pero sí una llamada fuerte por parte de Dios para que pensemos en nuestras propias vidas." Cura Francisco López Félix, vocero del arzobispado de México. *La Jornada*, 21 de octubre de 1985.

□ "Algunos sacerdotes de la Basílica de Guadalupe calificaron los pasados terremotos como castigo o advertencia de Dios. Al respecto no podemos tener la seguridad de que fue un castigo, sólo que Dios por medio de un profeta lo hubiera anunciado. Si fue un castigo, pudiera ser debido a nuestro comportamiento actual, o una advertencia para rectificar errores y desviaciones." Obispo de Querétaro Alfonso Toriz Covián. *El Heraldo*, 26 de septiembre de 1985.

□ "He dado ya cientos de bendiciones para toda esta gente. En sólo unos minutos en que se sacudió la tierra, Dios nos ha permitido entender quién es él y quiénes somos nosotros. Hoy sabemos que somos dueños de nada. Sería fuera de sentido suponer que esto que ha ocurrido ha sido fuera de su voluntad. Ha sido Dios, no lo hace por maldad. Lo ha permitido como un botón de prueba para hacernos sentir que debemos ubicarnos como seres humanos. Los bodegueros de la Central de Abastos, aquí en Iztapalapa, son avaros, pero cuando ocurrió el primer temblor salieron huyendo despavoridos. Nunca antes quisieron ayudarnos con algo para mis menesterosos, y ahora los he visitado y me han entregado cajas de tomates, pero de los frescos y más hermosos. Fue como si por momentos hubieran perdido interés en las cosas." Sacerdote Ignacio Ortega Aguilar, encargado del panteón de San Lorenzo Tezonco. *Excélsior*, 24 de septiembre de 1985.

EDITORIAL I ■ LA DEVOCIÓN POR LA VIDA

Así sean muy semejantes, los relatos de los voluntarios transparentan la unidad —inesperada— de grupos sociales y tipos humanos congregados por una expresión que, antes del 19 de septiembre, solía ser retórica; en las *semanas del terremoto*, la solidez de la frase "el aprecio a la vida", deriva de resistencia cívica, movilizaciones, la angustia del rescate convertida en parábola humanista, el riesgo físico como prueba de amor concreto por los demás. Sin causa ideológica notoria, en mezcla indistinguible de actitudes cristianas y generosidad ciudadana, miles de personas aceptan cansancio y peligros con tal de no abandonar a desconocidos.

La primera y más decisiva respuesta al terremoto es de índole moral. De manera compulsiva, se quiere atenuar la violencia natural, entregarse con ánimo insomne al rescate de propios y extraños. El imperativo ético encarna de modos inesperados. En apenas cuatro o cinco horas, se conforma una "sociedad de los escombros", cuya rebeldía ante las dilaciones burocráticas, y cuya invención fulgurante de técnicas derivan de la obsesión de mitigar la catástrofe. Y estos contingentes logran su cometido: al final salvan a más de 4 500 personas. Pero no sólo los voluntarios sufren ardorosamente la experiencia: cada persona que se extrae de túneles y hoyos es epopeya compartida de modo unánime. Nunca en la capital han sucedido tantos fenómenos tan dramáticos ni respuestas tan emotivas. Como en muy escasos momentos de México, la vida humana se eleva al rango de bien absoluto. Un niño o una mujer o un hombre recobrados desatan un júbilo colectivo sin precedente. En Tlatelolco o en el Hospital Juárez, una fiesta de aplausos y llantos recibe a cada uno de los sobrevivientes. Se suspende la indiferencia y durante unos días, la ciudad (y presumiblemente gran parte del país) ensalza las mínimas victorias sobre la destrucción.

El esfuerzo sin precedentes (en un momento dado, más de un millón de personas empeñadas, en distintos niveles, en labores de rescate y organización ciudadana) es acción épica ciertamente, y es catálogo de exigencias presentadas con la mayor dignidad. Urgen ya en las ciudades democratización, políticas a largo plazo, racionalidad administrativa.

Durante un breve periodo, la sociedad se torna comunidad, y esto con los escepticismos y decepciones adjuntos, ya es un hecho definitivo. Luego de medio siglo de ausencia, aparecen en la capital los ciudadanos, los portadores de derechos y deberes. Enlazados por formas antiguas y novedosas, vecinos y brigadistas se consideran a sí mismos "mexicanos preocupados por otros semejantes", nacionalistas humanitarios, cristianos fuera de los templos, o simplemente seres que saben responder-a-la-hora-buena. Gracias a esto trascienden durante una semana, por el vigor de las circunstancias, a instituciones oficiales, partidos políticos, la Iglesia y la gran mayoría de los grupos existentes. La súbita revelación de estas capacidades le añade a la capital un nuevo espacio ético y civil, en franca oposición a las creencias del Estado paternalista que nunca reconoce la mayoría de edad de sus pupilos.

EXPEDIENTE I ■ LOS VOLUNTARIOS

El 19 de septiembre salen a flote algunas de las debilidades orgánicas del gobierno, entre ellas y destacadamente su incapacidad de previsión. De cualquier modo, la intensidad del sismo es tan desmedida que el viernes 20 de septiembre, el licenciado Miguel de la Madrid se autocritica y lo reconoce en su mensaje por televisión: "La verdad es que frente a un terremoto de esta magnitud, no contamos con los elementos suficientes para afrontar el siniestro con rapidez, con suficiencia".

A las diez de la mañana del 19, el Presidente hace un llamado al pueblo de México "para que todos hagan lo que tienen que hacer, que cuiden sus intereses y auxilien a sus semejantes. Que todos vayan a sus casas". Ese día y el siguiente altos funcionarios y locutores de radio y televisión lo repiten cada cinco minutos: "No salgan de sus casas, quédense allí, ¿a qué van a los sitios del desastre? No contribuyan a la confusión. No se muevan". En vez de hacer caso y recluirse, la gente interviene subsanando las limitaciones gubernamentales y, en *tareas de hormiga*, aprovisiona albergues, organiza la ayuda, recompone hasta donde se puede la fluidez citadina. Esto salva vidas, compensa psicológicamente a la población y le facilita a los habitantes del DF entender los alcances del terremoto. De otra manera, se hubiese dependido en lo fundamental —en un país donde se lee tan poco— de las perversiones del rumor y de las argucias de la información televisiva.

Del jueves 19 al domingo 22, lo más vivo en la capital es el nuevo protagonista, las multitudes forzadas a actuar por su cuenta, la autogestión que suple a una burocracia pasmada o sobrepasada. Al ritmo impuesto por la tragedia, una sociedad inexistente o pospuesta se conforma de golpe: son las brigadas de voluntarios, los niños que acarrean piedras con disciplina rígida, los adolescentes en pleno "estreno de ciudadanía", las enfermeras espontáneas, los grupos católicos y protestantes, las señoras que preparan comida y hierven agua, los médicos que ofrecen sus servicios de un lado a otro, los ingenieros que integran brigadas de peritaje...

El reordenamiento social es inesperado. Los vecinos acordonan los sitios en ruinas y las amas de casa preparan comida, pero son los jóvenes quienes llevan el peso de la acción, obreros y jóvenes de la UNAM, aprendices y estudiantes de la Universidad Anáhuac, desempleados y preparatorianos, chavos-banda y adolescentes de los Colegios de Ciencias y Humanidades, de las vocacionales, de las escuelas técnicas. Ellos dirigen el tránsito, aprovechan las instalaciones del CREA, improvisan refugios y albergues, toman medidas contra los saqueos, consiguen víveres en donde pueden, aguardan en el aeropuerto la ayuda del exterior, crean redes de búsqueda de los desaparecidos. Han crecido encajonados por el consumismo, la inhabilitación ciudadana, los reduccionismos ideológicos que ven en la juventud un campo de la banalidad. Se les ofrece de pronto una elección moral y la asumen, una oportunidad organizativa y la aprovechan. No se consideran héroes, pero se sienten incorporados al heroísmo de la tribu, del barrio, de la banda, del grupo espontáneamente formado, de la ciudad distinta.

Al hacer de la "desobediencia civil" el motor de la acción, las decenas de miles de voluntarios algo y mucho expresan a lo largo de días y noches en vela: la solidaridad es también urgencia de participación en los asuntos de todos. Lo primero es jerarquizar el miedo entre las sensaciones de su nueva conciencia laboral, abrazar difuntos a lo largo de los corredores que conducen a la salida, juntar brazos y piernas desperdigados, ver morir a quienes ya nadie puede auxiliar, oír historias estremecedoras y asimilarlas desde la compasión y la ayuda activa. El voluntario pertenece a su grupo o brigada, desde el casco y la banda que lo identifica, desde la indiferencia ante el cansancio y el sueño.

A conseguirse marros, palos, barretas, palas, "patas de cabra", zapapicos. Con uñas y dedos se cavan hoyos por donde sólo pasa un cuerpo. Los gritos se repiten en las zonas afectadas: "¡Aguanten! ¡Vamos por ustedes!" "¡Levanten! ¡Jalen! ¡Por acá!" Se llega a los lugares como se puede, sin recursos, sin conocer los métodos de salvamento, y mucho se resuelve sobre la marcha, y mucho no se resuelve jamás. ¿Qué hace falta en este edificio? Cuerdas, cinceles, palas, cubetas, gatos hidráulicos, linternas, martillos de carpintero, desarmadores. Hay que ver en la oscuridad. Consíganse tapabocas en las farmacias, empápense en vinagre paliacates. Una prevención constante: "No prendan cerillos, no fumen". Se instalan por doquier puestos de socorro, y allí las enfermeras improvisadas se convierten en psicólogas.

El trabajo es incesante, entre órdenes y contraórdenes, solicitaciones ("un voluntario delgadito por aquí"), pleitos con los soldados que vigilan los cordones, diálogos con los familiares que esperan sin moverse días enteros. Si en algunos sitios se combate por extraer los "cuerpos negociables" (algunas familias ofrecen medio millón o un millón de pesos por el ser querido, vivo o muerto), en casi todas partes lo evidente es el desinterés, la capacidad de sacrificio. Las jóvenes aprenden a limpiar heridos, y a inyectar, reparten medicinas, guisan, escalan las montañas de cascajo y vidrios rotos. Se trabaja entre fetidez y silencio. Los testimonios confiados a la prensa son reiterativos:

—Cuando vi a tantos como yo, sentí orgullo de ser mexicano.

—Estamos en la nueva vida. Salimos de la segunda placenta.

—Al oír la radio, me angustié y salí de mi casa. Quise ayudar. No importaba en qué, pero tenía que hacerlo.

—Los jóvenes podemos ser tan responsables como los adultos. Esto servirá para que no repitan la imagen de las drogas y el alcohol. Removí escombros. Acomodé víveres. Hice lo que se necesitaba. Ahí me di cuenta de que los jóvenes somos una fuerza muy importante.

La idea de la hazaña de una generación entera, sostiene el impulso y neutraliza la fatiga, los días sin dormir alimentados tan sólo con tortas y refrescos. Y la conciencia de la fuerza posible se entrevera con la presencia ubicua de la escasez. Ellos trabajan con palas, fierros viejos, lo que sea. Los extranjeros acuden con sus equipos de perros amaestrados, ultrasonido, monitores para el rastreo, ojos electrónicos.

Pero los voluntarios son muchos y esto es en sí mismo incentivo y justificación. Ya el 20 de septiembre hay en la calle cerca de 150 mil brigadistas entre los quince y los veinticinco años. Sólo en la delegación Cuauhtémoc se registran 2 500 brigadas. La primera intervención de estos jóvenes en la vida nacional es a golpes de pala y pico.

El sistema de la solidaridad. Alejandro, estudiante
(27 de septiembre)

—Ni siquiera sé por qué me metí a la brigada. Sólo supe que de eso se trataba y que nunca me habría perdonado no hacerlo. Me informaron dónde ir y me presenté corriendo. Al principio ni advertíamos nuestras propias reacciones, nos olvidamos del tiempo sumergidos en el horror y en la emoción, en el cansancio que reconstituía, horas y horas de entrarle a mano limpia a los escombros, llevar comida a los albergues, pedir contribuciones a quien fuera. Por primera vez en mi vida creí en el trabajo físico y gocé enormidades el agobio.

Desde los primeros días vimos cosas que nos indignaban, pero al lado de eso hubo el friego, el chingo de gente del mismo lado, salvando vidas, ayudando, preocupándose por los demás, y esa sensación es extraordinaria, la mayor que he experimentado hasta ahora. Yo me creía bien al tanto de teoría y praxis y lo demás, pero durante toda una semana, fui el ser más emotivo que recuerdo. Salvar, ayudar, llevar comida, conseguir agua, memorizar nuevos datos y conocimientos, eso era lo fundamental, y al lado de eso, nada importaba, y todavía hoy, nada importa.

Tú el otro día hablabas de la toma de poderes, no la gran toma del Poder, con Bastillas y todo, sino de otra toma, la apropiación de deberes y derechos democráticos. Pues ahora échale un ojo a la retoma de insignificancias que se nos propone, qué bien hicieron, qué bien se portaron, pónganse en la solapa esta medalla de buena conducta y váyanse a su casa. Mi papá, por ejemplo, del jueves 19 al domingo 22 me veía como a paladín de la tele, y luego fue cambiando, ya estuvo bien, bájale el tono, no te metas de redentor, ya párale, qué ganas con andar de payaso con cinta roja y tapabocas. Ya cálmate, no vas a resucitar a nadie, tu deber es estudiar para agarrar empleo. Y sí claro, mi mamá me contó que dicen en la tele que la ciudad volvió a la normalidad, todo mundo contento por estar triste, dejen a los muertos enterrar a los muertos, y al Señor Regente encabezar la gran Reconstrucción. ¿Sabes qué? A eso no le entro, al rollo de "muchas gracias, pueblo heroico, y ya duérmete que mañana entras temprano a la chamba". Mi padre todo el día anda cazando signos de desencanto o de fastidio, ya te diste cuenta que tu vocación no es de héroe, etcétera. Pero por ahí no va la onda. Eso es lo que ellos no creen, porque jamás entendieron nuestra razón de ser como brigadistas.

19 de septiembre de 1985: el sismo, la destrucción, el miedo, el dolor, la indiferencia que encubre al pánico

Francisco Daniel, Archivo *Proceso*

"Y sentí la obligación de ayudar, porque eran seres humanos como yo, y porque nosotros teníamos que hacer las cosas"

Andrés Garay, Archivo *La Jornada*

"Fueron días febriles. Yo apenas me daba cuenta de si dormía o comía, de si me las entendía o no con los hedores y el polvo"

Pedro Valtierra, Archivo *La Jornada*

Las costureras: "El patrón nos dijo: '¿Ustedes qué hacen aquí?' Y le contestamos: 'Nos organizamos para no dejarnos de gente como usted'."

Herón Alemán, Imagenlatina

NOTICIERO II ■ "TRAIGAN MÁS PALAS"

A las 19:38 horas del 20 de septiembre, otro temblor, de consecuencias también considerables (duración: minuto y medio con intensidad de 6.5 en la escala de Richter), hace que —desbordaba la frágil compostura— reaparezcan con estrépito los sentimientos primordiales. Por docenas de miles, en grupos familiares o en la pequeña muchedumbre vuelta familia, la gente se concentra en el gran refugio de la calle, en el Zócalo, en el Paseo de la Reforma, ante sus domicilios. Se centuplican los nombres como plegarias, las solicitudes de auxilio: "Mi madre está allá adentro / ¡Mi hijo. Sálvalo! / ¡Una lámpara! / ¡Silencio, silencio! ¡Traigan más palas!" Las montañas de ropa y objetos alcanzan los 4 o 5 metros. Los médicos le aplican a los voluntarios vacunas antitetánicas.

Se distribuyen leche, verduras, raciones alimenticias. Se suspenden labores en todas partes. Se calcula en más de un millón a los trabajadores afectados (entre ellos: 50 mil desempleados en establecimientos, medio millón de comerciantes ambulantes). Abundan los donadores de sangre. Se improvisan en las calles puestos de socorro donde se obsequian alimentos y aguas frescas. Los hospitales privados ofrecen más del 50 por ciento de sus camas. En todo el país surgen Comités de Solidaridad descentralizados.

La gente recorre como puede la ciudad, no acaba nunca de contar su experiencia, sigue atónita y desconcertada ante el escape milagroso o la pérdida irreparable. En la noche, el Presidente de la República en su mensaje por televisión abandona la autosuficiencia, y admite lo muy notorio: el sismo fue tan tremendo como la imprevisión gubernamental. El cerco de seguridad abarca 32 kilómetros cuadrados.

Es cuantiosa la ayuda extranjera, 59 países, el Vaticano e instituciones como Cáritas, la Cruz Roja, la OEA, la Organización Panamericana de Salud, la ONU, la UNESCO, la FAO, mandarán víveres, ropa, tiendas de campaña, máscaras antigases, maquinaria, dinero, créditos. Para el 27 de septiembre habrán llegado 2 400 toneladas de distintos productos. La Cruz Roja reparte una tonelada por hora de alimentos y ropa. El Ejército de Salvación manda un avión con víveres y tiendas de campaña.

La solidaridad interna es extraordinaria. La CTM dona dos días de salario y el Ejército Nacional tres días. Los gobiernos de los estados entregan cantidades importantes y los empresarios también contribuyen al Fondo Nacional para la Reconstrucción. Los tarahumaras regalan 650 féretros y 132 mil pies cúbicos de madera para viviendas.

Una Solución Universal se descubre: *descentralizar*. Esto pasó porque somos millones viviendo y bailando en un solo ladrillo. El Presidente abandera la consigna, y todos proponen que se vayan los demás. La FSTE ofrece crédito a los burócratas que dejan la ciudad. Los estados de México, Durango, Michoacán, Morelos se ofrecen para recibir a las paraestatales. La Secretaría de Turismo, paradigmática, promete descentralizar el 83 por ciento de su personal, y no menos nómada, la Secretaría de Agricultura alejará de la capital al 40 por ciento de burócratas con sus respectivos expedientes vírgenes. Las cifras de la ilusión vuelan: un millón de burócratas reubicables en 6 meses. (¿Y eso qué dice frente a los 2 500 o 3 000 inmigrantes que a diario llegan a la capital?)

Es febril pero no muy expedita la actividad en los centros de acopio de alimentos y medicamentos. No ocurren epidemias, pero quien tiene agua la hierve. El Presidente promete: "Viviremos y reconstruiremos el país con nuevas pautas" (26 de septiembre). En los últimos días de septiembre, el Zócalo se convierte por las noches en el gran almacén gratuito. Los damnificados (de ahora o de siempre) se prueban camisas, pantalones, suéteres. Se inician cursos de primaria por TV para 30 mil alumnos. Se prodigan los beneficios para damnificados: obras, conciertos, recitales, festivales, fiestas, subastas, tianguis. Se despejan con rapidez los sitios en ruinas que serán "áreas verdes". Se retiran 350 mil metros cúbicos de basura, y al día se hacen 2 mil o 2 500 viajes a los tiraderos. Allí, como ironiza la prensa de la tarde, se va "de la pena a la pepena". En los basureros del Bordo de Xoco, las familias de pepenadores escarban y extraen del concreto lo que venderán por kilo o usarán para sus propias casas. Allí impera la "cacería" del hierro, del concreto, del ladrillo, del alambrón, del ladrillo rojo. Es vital y dramático el espectáculo de la extrema miseria que se beneficia de la tragedia. Los habitantes secuestran camiones para desviar el cascajo, se disputan a golpes los desperdicios, indagan en los desechos para extraer objetos o dinero. Indiferentes a las enfermedades, seguros de su poderío inmunológico, los pepenadores se esparcen y se concentran, persiguen a los camiones de volteo, y los invaden en plena marcha para declararse los dueños de la carga.

El 29 de septiembre la Comisión Metropolitana de Emergencia decreta la continuidad de las prioridades: el rescate de vidas humanas, el rescate de cadáveres, la demolición parcial o total de inmuebles que representan un riesgo. El gobierno no usará en las demoliciones, en forma indiscriminada, maquinaria pesada ni mucho menos explosivos que cancelen la posibilidad de rescatar con vida a un ser humano.

Se afecta de manera cuantiosa la planta hotelera y quedan totalmente destruidos los hoteles Regis, Principado, De Carlo, Romano Centro, Versalles, Finisterre y Montreal. La mayoría de los edificios derrumbados se construyeron en los últimos 30 años. A diario acuden cerca de 2 mil familias a revisar las fotos de los cadáveres sepultados en la fosa común. En las estaciones del Metro, en las agencias del Ministerio Público, en postes y muros, en edificios públicos, se pegan carteles con fotos o únicamente nombres, demandando información. "Se ruega a quien sepa del paradero de. . ."

24 de septiembre. Identifíquese, ¿a qué viene?

Es desconfiado el joven de la mano vendada.

—Identifíquese, a qué viene, no aceptamos dictaminadores que de una ojeada lo saben todo. "Esta vivienda no resiste. Debe ser derribada cuanto antes. ¿Cómo siguen viviendo en una trampa mortal?" y se van a preparar el desalojo. Así no, exigimos peritos en los que creamos y no meros gatos de los dueños, ni técnicos ni nada, sólo apantallapendejos. Los propietarios llevan años queriéndonos sacar de aquí, les encabronan las rentas bajas y las rentas congeladas, les da rabia imaginarse los negocios que podrían estar haciendo. Nos han metido abogados, han comprado jueces, han querido vencernos con el abandono: ni un centavo para mantenimiento, los edificios se caen a pedazos, y ya desde antes muchos eran presentimientos del temblor, más jodidos que sus habitantes lo que ya es decir, resquebrajados de parte a parte, mugrosos, insalubres, las tuberías rompiéndose a cada rato. . .

Probada nuestra identidad, el joven nos conduce al Palacio Negro, antaño (el miércoles 18) la vecindad más poblada de la colonia Morelos, 600 familias, aquí confluyen dos desastres, el natural (nueve muertos) y el que evocan estos cuartitos deshechos, el enjaulamiento de seres y cosas, los lavaderos casi simbólicos, la reducción del espacio para que quepan un hombre de pie, una mujer acostada, cuatro o cinco niños en vuelos horizontales y verticales, una parienta vieja que cose, un roperito y una televisión. El sismo exhibe el hacinamiento, el hacinamiento sobrevive al sismo.

En la colonia Morelos los adolescentes van y vienen, acuden camiones de la Cruz Roja, hay colas para alimentos y en dos horas se inicia la repartición de ropa, se discute en torno de la mesa que señala comisiones, se solicitan voluntarios que descarguen el pick-up y el camión, dos compañeros que trasladen unos bultos, díganle por favor a. . . Un letrero persistente en las calles:

> *Si tu casa está en peligro de caer,*
> *instálate en la calle.*
> *No abandones la colonia.*

Otros anuncios: "Peritaje rápido"/"Hechos, no promesas"/"Vecinos dañados unidos". Mantas que exigen viviendas al presidente De la Madrid. Inquietud y sensaciones del deber cumplido y cumplible. Diálogos rápidos entre representantes de organismos solidarios y líderes de la colonia. Necesitamos mantas, alimentos, medicinas, como lo de aquí no es televisable nos olvidaron el gobierno y los medios masivos.

—A los que la necesiten, de Ciudad Universitaria mandaron un camión con agua.

—La reunión del comité Peña Morelos se efectuará en media hora.

EDITORIAL II ■ LA DEMANDA DE "NORMALIZACIÓN"

1

Del jueves 19 al domingo 22 de septiembre, los voluntarios controlan o, mejor, son el hilo conductor de la promesa del orden. Si la improvisación es inevitable, es altísimo el nivel de eficacia. Se aprovisionan los albergues, se localizan familiares, se distribuye ayuda en los campamentos premiosamente instalados, se organiza el rescate, se acordonan los sitios riesgosos no ocupados por el ejército. Priva por lo común el espíritu de colaboración, aunque en algunos casos los voluntarios se excedan, y su arrebato juvenilista imagine un "poder del paliacate" que recorre la ciudad velozmente con banderas rojas y cartulinas de rescate.

El estilo burocrático no inspira y a los Secretarios de Estado —en la cercanía de la tele— se les ve alejados emotivamente de los problemas que, además, parecen ignorar. La confianza en los procesos autogestionarios se esparce, y las autoridades lo resienten. El sábado 21 el regente Ramón Aguirre censura la dispersión de los voluntarios y el lunes 23 el gobierno emite la consigna: *normalización*, es decir, regreso a las fórmulas de obediencia incondicional. Dejan de ser gratuitos los servicios públicos, y el secretario de Protección y Vialidad, general Ramón Mota Sánchez, invalida todas las cartulinas, mantas, franelas y "burbujas" (luz intermitente con sonido de sirenas) de los civiles. "Los socorristas y voluntarios —afirma el general—, causan gran confusión, ya no son necesarios, sólo estorban a los auténticos cuerpos de rescate."

Al rechazo a la "normalización" lo dirige la ira por el aporte humano a la catástrofe. ¿Qué tanto extendieron la tragedia las construcciones deficientes, fruto de la rapiña? Se exigen los peritajes, y se vuelve innegable la corrupción de un sector de la industria de la construcción: arquitectos, contratistas, ingenieros, autoridades del DDF. Por décadas, y al amparo del crecimiento bárbaro, prerrequisito de la modernización, se ha vivido un fraude monumental, la falsificación de conocimientos técnicos, la obtención tarifada de permisos para construir en zonas prohibidas, la hinchazón de presupuestos con materiales de pésima calidad, los proyectos al vapor que nadie revisa. ¿De qué "normalización" se habla?

Del cúmulo informativo y del acopio de experiencias personales, los capitalinos extraen conclusiones cada vez más irrefutables. A la realidad nunca tomada en serio de una zona sísmica, se añaden otras comprobaciones: la devastación ecológica del Valle de México (incluida la desecación del lago de Texcoco) que es victoria fácil de la industria sobre la naturaleza; el crecimiento fundado en la improvisación, la rapiña, la eliminación de oportunidades en el resto del país; la centralización del poder que es la sacralización del despilfarro de recursos; una colectividad sólo entrenada para el desastre a escala individual; un abismo entre la capacidad tecnológica disponible y su utilización racional. Y la incapacidad de previsión del Estado que es exhibición de un gobierno que opera por fragmentos. A partir del 20 de septiembre abundan las medidas póstumas, se prometen nuevas leyes para la construcción, se imprimen folletos sobre conducta apropiada durante los sismos, se efectúan simulacros de desalojo en las escuelas. Y ya se puede anticipar que las medidas didácticas se irán aletargando. ¿Quién aprovechará las lecciones? ¿Y quién podrá desconcentrar y descentralizar? El Distrito Federal, el uno por ciento del territorio nacional, contiene al 20 por ciento de la población total y genera entre el 40 y 50 por ciento de la actividad económica del país ("Una de las enseñanzas de estos últimos días

—afirma Alejandra Moreno Toscano— ha sido la enorme fragilidad de la concentración de bienes, servicios y personas en lugares muy pequeños territorialmente").

El gobierno: la suma de porciones difícilmente conjuntables, "ínsulas extrañas" las más de las veces vinculadas entre sí gracias a la prensa y la televisión. Ya se sabía pero sin detalles escalofriantes: disponemos no de uno sino de varios gobiernos, quizás prestos a la unidad en la emergencia, pero sin hábito de trabajo en equipo. Se deba al boom irracional de la burocracia, o al afán competitivo dentro del aparato público, la interpretación elegida no disminuye los efectos de la falta de coordinación. El Estado moviliza fuerzas considerables, pero no con la rapidez ni la eficacia debidas. En la emergencia extrema, queda claro que, desde los años cuarentas, el Estado tiende por comodidad y por imposibilidad a ser federación de tribus burocráticas aglutinadas por intereses de poder, pero sin vinculaciones operativas. No hay comunicación real de una Secretaría a otra, de un sector a otro. Y al proceder fragmentariamente, por agregación de partes, el Estado carece de verdadera agilidad. Ejemplos tomados casi al azar: no se establecen debidamente las listas de muertos y desaparecidos, no se organiza bien el reparto en albergues y campamentos de damnificados, y en un momento dado 6 millones de personas carecen de agua.

Los funcionarios adulan alternativa y simultáneamente al *pueblo*, la *juventud*, la *sociedad civil*, la *solidaridad*, pero el resentimiento antigubernamental suspende la credibilidad y dificulta en extremo la "normalización". En la calle, en las reuniones, en los transportes públicos, se establece el consenso: para los habitantes del DF el gobierno es pragmático y represivo. En un nivel amplísimo, el miedo y la incertidumbre de todos los días se traducen en desconfianza hacia los responsables de la seguridad. Al cabo de dos semanas, el gobierno se hace cargo de la situación, pero de modo incierto. En su mayoría los funcionarios no conocen bien los recursos estatales (todavía impresionantes, en comparación), y no obtienen de la burocracia reacciones prontas, no coordinan esfuerzos y se atienen a los métodos probados: adular, prometer, pósponer.

2

¿Cuáles son los elementos de unidad de los habitantes del DF? Los medios masivos y las sensaciones de agobio. Por lo demás, los capitalinos no disponen de un lenguaje político común, ni de tradiciones democráticas, ni de prácticas ciudadanas, ni de vías confiables de información. La urgencia de responder a la violencia del sismo crea la unidad momentánea que es vislumbramiento cívico. Sometidos al aprendizaje dual de la ayuda y de la impotencia, brigadistas y espectadores modifican sus concepciones urbanas, y observan sin intermediaciones los juegos de intereses y fuerzas. Si la ciudad es siempre el principal instrumento educativo de sus habitantes, el sismo ordena la nueva adquisición de saberes: sobre las técnicas de construcción, sobre la red de abusos oficiales y empresariales, sobre los recursos legales y la conversión de presiones comunitarias en recursos legales.

Estalla la visión tradicional de la vida urbana entre un maremágnum de conocimientos nuevos, y la pedagogía forzada aclara la vulnerabilidad de la capital de México. Tan a fondo como les es posible, millones de personas captan las fragilidades de una ciudad hecha para el lucro y potenciada por la desesperación popular. ¿En dónde vivimos y a quiénes les encomendamos nuestra seguridad?

Conque eso era también, y desnudamente, el "tejido urbano": la ruinosa trayectoria de los intereses comerciales, la especulación inmobiliaria, la demagogia que estimula la irresponsabilidad, el auge criminal de la industria de la construcción. ¡Qué extraña y qué curiosa coincidencia! Lo que se creía "caos", el fruto del irredento temperamento latino, no era sino el irónico nombre de la voracidad capitalista. Las decenas de miles de voluntarios, los lectores de periódicos, los damnificados, se enteran con detalle del ritmo de argucias y de violaciones a la ley. A la violencia telúrica la precedieron y vigorizaron décadas de abandono de las reglas mínimas de previsión.

Antes del 19 de septiembre, los capitalistas compartían algunas certidumbres: los 18 millones de habitantes disponían de modo muy irregular de los servicios elementales (fallan de continuo agua, luz, seguridad pública y transportes), las grandes ofertas culturales alcanzan a unos cuantos sectores, y el 20% de la población económicamente activa es desempleada o subempleada. Pero milagrosamente la ciudad funcionaba en lo esencial y si la gran mayoría no tenía (y no tiene) otro sitio adonde ir, el "orgullo negativo" no lo era tanto. México podría ser "la ciudad más fea y poblada del mundo, la super Calcuta", pero la provincia sólo consentía esperanzas menores. Ante esto, el terremoto difunde otra certeza colectiva: se ha llegado en la capital al límite, y ya no son permisibles la jactancia, el despilfarro de recursos, la posposición de soluciones, la corrup que todo lo devora, la devastación ecológica, la ausencia de organizaciones democráticas.

Los capitalinos se añaden un conocimiento fundamental: si el gobierno no le rinde cuentas a nadie, el gobierno sólo lo es a medias. En este sentido, la designación caprichosa de los funcionarios del DF no es sólo imposición sino desbarajuste administrativo. ¿Cuál es el contexto de las frases del regente Ramón Aguirre en un debate sobre la democratización del DF: "La capital es una ciudad privilegiada porque está gobernada por el señor Presidente de la República, porque sus asuntos legislativos se atienden por el Congreso Federal; es la única entidad que tiene ese privilegio"? Aquí el trámite cortesano resume el desprecio ante los poderes civiles, y exhibe el verdadero proyecto: la mera sobrevivencia de la capital, en este sistema sólo adoramos el corto plazo.

3

En los meses de septiembre y octubre la ciudad de México cambia. A la residencia presidencial de Los Pinos marchan costureras, médicos, vecinos de Tlatelolco, vecinos de Tepito, enfermeras. La presión modifica muchas decisiones y la acción civil es elemento de gobierno. Muchos hablan por vez primera en mítines y asambleas.

Toda multitud tiene derecho a gozar de sí misma, y las del terremoto admiran su considerable capacidad de generar soluciones al instante, con la acción combinada de todas las clases sociales, con la cadena de manos y las palabras de alivio, con el levantamiento de planos y la creación de consultorios, con la limpieza de lugares y los guisos caseros, con viajes de 10 kilómetros para llevar una medicina, con el manejo extenuante de picos y palas y motoconformadoras y plantas de soldadura autógena y pinzas hidráulicas.

Las sensaciones y proposiciones utópicas sólo duran al parecer algo más de un mes. Luego, la falta de tradiciones organizativas, la imposibilidad de sostener una tensión tan extenuante, la despolitización y el poder abrumador del Estado liquidan a casi todos los grupos y esfuerzos autónomos. Pero no se extingue en modo alguno la resistencia civil con su admirable cuota de espíritu utópico.

24 de septiembre. La búsqueda de "la normalización".

Congreso de la Unión. La diputada del PRI Elba Esther Gordillo, a quien corresponde la Unidad Nonoalco-Tlatelolco, en el uso de la palabra, o mejor, de la disculpa. Ella no necesita que nadie le cuente nada, ha estado en asambleas, ha conversado con los damnificados, colabora con el Señor Regente en la reconstrucción. En la galería, el grupo de vecinos la contradice: "Mientes, eres una embustera. Ya no digas falsedades. Nuestros muertos hablan mejor que tú". Ante la ingratitud, la diputada ataca a la oposición por demagógica. Promete: "Esta noche presidiré una asamblea". Respuesta de las alturas: "Allá te esperamos. Atrévete".

La Cámara de Diputados es una feria excluida del humor voluntario. La diputación del PRI se obstina en rechazar la política (el PRI es, antes que nada, una agrupación humanitaria), y en elogiar la solidaridad nacional que, en abstracto, borra y limpia todos los pecados del mundo. En la galería, los vecinos de Tlatelolco se colocan tapabocas ante cada intervención priísta y concluyen: "Nos vamos. La zona está más infestada que el edificio Nuevo León".

Los hospitales. De la tragedia a la resistencia

En la mañana del 19 de septiembre médicos, enfermeras y personal del Centro Médico (con la ayuda de muchos de los enfermos) consiguen evacuar a 2 300 pacientes, en medio de escenas de terror, los enfermos en los pabellones improvisados, el ulular de ambulancias, las filas de donadores de sangre, el acordonamiento militar, la multitud que crece y pregunta sobre pacientes, médicos, enfermeras residentes, pasantes. Se trabaja en las ruinas del Hospital General —y en otro lado de la ciudad, del Hospital Juárez— mientras con admirable celeridad se recuperan equipo e investigaciones.

Los primeros días la atención no se despega del rescate, de las proezas de los "topos" (sobre todo los mineros del Real del Monte) que extraen vivos a recién nacidos sepultados por más de 100 horas, y filtran oxígeno y alimento a través de los escombros. Hay severas contiendas verbales entre soldados y civiles, y los familiares se exasperan cuando se impide la entrada a los voluntarios. Es portentosa la falta de coordinación. Todos quieren dar órdenes y un rumor ("Se oyeron ruidos") incita a aglomeraciones y protestas. Se impide en diversas ocasiones el uso de dinamita. En plena emergencia se opera y se amputa entre las ruinas. Los hechos más trágicos ocurren en la torre de residentes y en el hospital de Ginecobstetricia número 2. (En otro lado de la ciudad, en el Hospital Juárez las escenas son similares: rescate de recién nacidos, número jamás especificado de muertos, disputas con los soldados. Pronto, los mé︎-

cos y las enfermeras exigen el análisis exhaustivo de las materias usadas en la construcción del hospital, y critican las condiciones lamentables en que se desenvolvía su trabajo.)

El secretario de Salud Guillermo Soberón propone un plan descentralizador, la participación en pequeñas unidades hospitalarias. Por decreto, se crea —¡ni una palabra de menos!— la Coordinación Técnica de Reconstrucción de la Infraestructura Hospitalaria en la Zona Metropolitana de la ciudad de México. El director del IMSS Ricardo García Sáenz anuncia el Centro Médico Nacional del Siglo XXI con costo inicial de 10 mil millones de pesos, y quiere reconstruir a mediano plazo el Hospital General. La protesta surge de inmediato. En las asambleas se recuerda el carácter de clase del hospital, a donde acuden los no asegurados, y se precisa: de los 50 edificios sólo 2 están dañados, la reducción del servicio de mil 700 camas a sólo 240 afectaría a los más necesitados. Se insiste en las cifras: ¿en dónde se ubicarían 700 médicos de base, 300 médicos residentes, 1 800 enfermeras y más de 3 mil trabajadores de intendencia? Se enjuicia al Sector Salud, su desorganización, su carencia de planes a mediano plazo. Se llaman a engaño: la Secretaría los manipula con desinformación.

Como primera medida de protesta el 16 de octubre se instalan en la calle consultorios de carácter gratuito, en rigor tiendas de campaña, biombos o mantas con letreros de acuerdo a la especialidad. *Cardiología. Gastroenterología. . .* Los médicos, de bata blanca y moño negro en el hombro, trabajan en condiciones exiguas: en las tiendas hay una camilla, un escritorio, unas sillas, algún equipo.

El 22 de octubre 5 mil trabajadores del Hospital General (médicos, paramédicos, residentes, pasantes, enfermeras, personal de apoyo, intendencia y vigilancia) marchan hacia Los Pinos. Se pide la renuncia del director Rodolfo Díaz Perches, se afirma que el cierre causaría más muertes que el sismo y se insiste: asignarle, como indica el plan descentralizador, sólo 240 camas al ''Houston de los pobres'' sería desaparecer la institución que daba 2 mil consultas y realizaba 125 intervenciones quirúrgicas al día.

Son las semanas de las concesiones bajo presión. El Presidente reconviene al secretario Soberón, se cancela de inmediato el proyecto del Centro Médico del Siglo XXI, y se reabre el Hospital General.

—Llegué tarde al Hospital, por ir a un curso de adiestramiento, y cuando vi lo que pasaba no lo podía creer. Allí andaban ya como hormigas los compañeros dentro de los escombros. Aunque lo digan en las noticias, es cierto. Son unos héroes. Se metieron a las grietas sin importarles nada. Iban con barretas y palas, y usaban sus propias manos como excavadoras. Me incorporé a un grupo y andábamos como a tientas hasta que alguien oyó voces. Nos dijimos: "Aquí hace falta un delgadito". Como yo lo estoy, se me doblaron las piernas. Empezamos a mirarnos entre sí y de pronto todos me vieron. Me apunté: "Yo creo que sirvo". . . Replicaron: "Llévate una lámpara, ¿o tienes miedo?" Pues no, se trataba de mis compañeros. Estaban todas las losas hacia abajo. Llamé y me respondieron: "Somos ocho, pásanos oxígeno". Lo pedí y me dieron oxígeno y suero.

Se abrió una grieta estrecha, por donde apenas pude pasar medio cuerpo. Les recomendé: "Tengan calma". Uno me reconoció: "Niño Mora (así me llaman en el Hospital), sácanos". Trajimos una autógena. Me metí más y ya vi enterito el panorama. Era impresionante. Todos parados y los escombros les cubrían más de medio cuerpo. Sólo uno tenía las manos libres. Los demás muy juntos, sembrados como pinitos. Trajeron más oxígeno. Para aplazar otro derrumbe colocamos palos. Trabajamos de 12 de la mañana a 8 de la noche. Me decían: "Te ves muy mal. Vete a que te atiendan". Yo replicaba: "No, son mis compañeros". El boquete se agrandó y me metí de nuevo. Me aconsejaban: "Tú eres el que les puede dar ánimos". Dentro, un médico, me puso las manos en los hombros: "Mora, Morita, te doy lo que quieras, pero sálvanos". Me acordé de lo que pasa en las albercas, se lanza uno para salvar a otro, éste se desespera y se aferra a su rescatador y se ahogan los dos. Le repliqué queriendo zafármelo: "Espérate. Si no, nos quedamos los dos". Como pudimos, sacamos a tres. Por desgracia, los demás compañeros ya no soportaron.

Luego me pidieron: "Regrésate y córtales donde se pueda a ver si siguen vivos". Con un bisturí les hice una cortadita en los dedos y no salió sangre, yo ya no la vi. Eran unas doctoras jovencitas. Después, otro médico delgadito entró y lo comprobó.

El rescate de hormiga duró como hasta las tres de la mañana. A esa hora entraron los soldados y a los civiles nos desalojaron y ya no nos permitieron hacer nada. Ellos se quedaron vigilando. Así rasaron el viernes y el sábado, mientras afuera se amontonaban los trabajadores y los familiares de médicos, de enfermeras, de pacientes, solicitando se les dejase participar en el rescate. El domingo ya fue de plano el caos, cuando llegaron los franceses, y los israelís, y no pasó mucho para que tuvieran sus broncas con los del acordonamiento. Nosotros organizamos a la gente, ansiosos de entrarle al trabajo. Se hizo un pequeño mitin, y se responsabilizó a las autoridades por no permitirnos ir en auxilio de nuestros compañeros. Vinieron y nos aseguraron que cómo no, pero en el forcejeo se habían perdido días muy valiosos y la oportunidad de que muchos se hubiesen salvado. El lunes se nos impidió la entrada de nuevo.

De estos días lo que nos queda es el coraje, y por eso vamos a levantar allí mismo el Hospital Juárez, para seguir dándole servicio a la gente pobre. Allí está todo lo que hemos querido, nuestros amigos, nuestros hermanos, nuestros compañeros.

ESCENAS DEL PAISAJE RECONSTRUIBLE

1□ —¿A qué "normalización" se puede regresar? Todos hablan de "un antes y un después" del terremoto y, sin embargo, los funcionarios y los medios de difusión a su servicio, sólo quieren "restañar heridas", y "la gran tarea de reconstrucción", así en abstracto. Pero no nos hemos metido tan a fondo para que nos gratifiquen con una palmadita en la espalda y un consejo: "Váyanse a sus casas y déjennos gobernar", porque como se probó, desde hace mucho el DF no está gobernado, es la anormalidad observada a prudente distancia y un negociazo "a conveniencia de las partes". El gran dilema de la reconstrucción es si la sociedad civil tendrá voz y voto en los hechos que le conciernen. Éste es el principio de la normalización que nos importa, que tardará en producirse, por lo demás.

Al gobierno le conviene ahogarlo todo en la declamación: "¡Cuán grandísimo pueblo somos! ¡Qué entereza la del mexicano! ¡No busquemos culpables! ¡Reafirmemos nuestros lazos fraternos!" Ese discursito ya no, por favor. Nadie niega la hazaña colectiva, al contrario, pero si tamaño esfuerzo sólo servirá para inspirar a escultores "cívicos", estamos jodidos. ¿A cuenta de qué se solicita la inacción con el chantaje de "no politizar los sentimientos"? Ya lo vimos. Los funcionarios ni siquiera entienden la situación; puros pésames y exhortaciones a la calma que ellos no han mostrado. (Un brigadista. 25 de septiembre.)

2□Él camina sin ganas, sólo fijándose en los letreros, indiferente a rostros y situaciones: "Hoy no se trabaja/ Reanudación de labores hasta nuevo aviso/ Cerrado por emergencia". Si leyera periódicos se enteraría —sin que esto le sirviera de mucho— de que su caso no es insólito, pertenece al medio millón de desempleados súbitos, angustiados por no saber si conservarán el empleo, tensos, incapacitados para distinguir entre la tragedia colectiva y el drama particular. ¿Dónde estará su patrón? ¿Qué habrá decidido? ¿Se mudará el negocio y cuándo? ¿De qué vivirá mientras? ¿Qué ley lo protege? (23 de septiembre.)

3□"Es ya tiempo de orden en el DF. Hay que detener a todos aquellos 'voluntarios' que circulan por las calles en vehículos amparados con improvisados códigos de urgencia y que sólo entorpecen las labores de rescate. Los verdaderos voluntarios deberán presentarse en las delegaciones Cuauhtémoc y Benito Juárez para ponerse a las órdenes de las autoridades, a fin de que se les asigne una actividad específica, en donde se les considere más útiles. No se permitirán más abusos de los grupos civiles que por iniciativa propia han interferido el tránsito en diversas colonias de la ciudad." General Ramón Mota Sánchez, secretario de Protección y Vialidad. (23 de septiembre.)

4□"En la juventud, México ha encontrado su filón de oro." Cardenal Ernesto Corripio Ahumada, arzobispo primado de México. (27 de septiembre.)

5□Desde hace horas, la familia contempla los escombros. El hombre está cansado, no habla, no deja que afloren sentimientos ajenos al agotamiento. La madre regaña a los hijos pequeños, cambia de postura de tarde en tarde, se limpia la frente. El hijo adolescente quiere ayudar, ¿pero quién rompe el cerco? Un grupo de voluntarios les ofrece comida. La madre agradece y le habla al vacío: "Mire, ya ahorita lo que pedimos es un poco de respeto a nuestras costumbres. Que no dinamiten, que no metan la maquinaria, que nos encarguen a nosotros lo de los escombros, para sacar los cadáveres. Queremos enterrar a nuestros muertos, nomás eso". (22 de septiembre.)

6□En la colonia Morelos, la calle es el único hotel concebible. Allí los damnificados acumulan sus haberes, la cama, los juguetes, las muñecas, las cunas colmadas de aparatos rotos, tazas y ropa, el buró, la máquina de coser, la plancha, el televisor pequeño, la radio.

Unas señoras duermen, otras se absorben en las rutinas del desastre. El campamento al aire libre es su método de presión, y su patrimonio es la lealtad a los edificios, a la red de amistades, la monotonía precursora de padres y abuelos. Y lealtad es arraigo. Declara contundente el dirigente de la Unión de Inquilinos: "Estamos previendo el desalojo masivo peinado con el rollo ecológico, y a destruir todo y sembrar pasto. De acuerdo, si hay un peritaje confiable. Si es sólo clausurar vecindades y edificios, y lanzar intimidaciones para luego beneficiar a los caseros, no. Ya les paramos el alto a los dueños que venían según ellos muy irritados a subir las rentas, a sacarnos de aquí, a demoler. Así no". (25 de septiembre.)

7☐—Examina las cifras: hay por lo menos 300 mil desplazados y damnificados, y un gran número de muertos. El gobierno persiste en abatir los números, con la idea de minimizar el drama, o de no ahuyentar el turismo del siglo XXI, o tal vez porque la falta de credibilidad obliga al público a multiplicar por dos o cinco cada cifra oficial. Lo innegable es una ciudad puesta en pie, a la que no la volverás a su sitio así nomás. El primer día, el regente, ante la televisión, describió a los atrapados en los derrumbes como "posibles ciudadanos". Ya no son admisibles ese lapsus y el autoritarismo de donde emanan tales fallas psicológicas. A lo largo de toda la semana los voluntarios se han enfrentado a soldados, granaderos, policías y burócratas, insistiendo en las tareas de salvamento, en la atención a edificios en donde se creía que había sobrevivientes. Si quieres entender el tamaño de esta confrontación, no la examines de anécdota en anécdota; revisa el conjunto y verás una enorme rebeldía civil en nombre de los derechos humanos y del respeto a la vida. Gracias a este esfuerzo, se detuvieron los planes de resolverlo todo fácilmente con maquinaria pesada y dinamita. Y en esta rebeldía civil, que es defensa de la ciudad, debe fundamentarse también la reconstrucción urbana. (Un activista. 24 de septiembre.)

8☐Entre los escombros, la madre busca el juguete predilecto de su hijo para "que tenga con qué jugar allá en el cielo". Es metódica, no lleva prisa, tiene todo el tiempo del mundo a su disposición. (21 de septiembre.)

9☐En el Hospital Juárez los topos le advierten a los soldados que están seguros de rescatar con vida a tres o cuatro niños. Las familias, pegadas a las rejas, imploran por que no se cometa un homicidio, explican que hace unas horas las brigadas extranjeras sacaron con vida a tres mujeres y dos hombres. Los soldados no responden, y un ingeniero da su explicación: es imposible que alguien siga vivo, son nueve días sepultados, sin alimentos, con el aire envenenado, sin agua.

Algunos se plantan frente a las máquinas. Unas mujeres le tiran piedras a los bulldozers y la grúa. Es inútil. La remoción de escombros da comienzo. (27 de septiembre.)

10☐El Presidente de la República recorre las zonas devastadas del centro. Al llegar a la colonia Morelos se le saluda con respeto:

—Ayúdenos a levantar nuestras casitas.

—Nomás vea cómo estamos de fregados.

Un hombre de unos cuarenta años de edad, sin lograr contenerse, llora en el hombro del Presidente. Azorados, los ayudantes se quedan inmóviles.

11☐El niño se aferra al pedazo de guitarra. Frente a él están las ruinas del edificio de San Camilito, cerca de la Plaza Garibaldi, donde han perecido cerca de 130 mariachis. Toca las cuerdas con obstinación. Una señora se le acerca y le pregunta si ha perdido algún familiar. El niño dice que no, que a nadie, y se echa a correr. 20 minutos después ha regresado. (22 de septiembre.)

12☐Al edificio en Lafragua donde hay decenas de personas sepultadas, unos familiares invitan a un doctor con dotes telepáticas. Se le autoriza a subir hasta el cuarto piso durante 30 minutos. Unos segundos antes de que venza el plazo, el doctor pide un minuto más. Se concentra, respira hondo, sus brazos se agitan y entra en trance. Su voz sufre un leve cambio. Supuestamente una persona habla a través de él:

—Tengo frío, mucho frío. Mi cuerpo se desmaya a cada momento. Cuando ustedes lleguen hasta mí, ya será tarde, muy tarde.

Los soldados y el ingeniero guardan silencio. El teniente de sanidad se atreve a preguntar: ''¿En dónde te encuentras?'' El brazo del vidente se levantó y señaló hacia el fondo del pasillo.

La vista de todos se dirige al corredor. El tiempo pasa. El ingeniero indica que tenemos que bajar.

El vidente sale del trance, y dice que una niña habló a través de su persona. (Reportaje de Manuel Gallardo Ch. *El Nacional*, 26 de septiembre de 1985.)

13☐Urge saber si se oyen voces en las ruinas de Conalep y los automovilistas que transitan por la avenida Guerrero guardan un minuto de silencio fuera de sus carros. La tensión y la pesadumbre hacen las veces de un sonido concertado. Luego, inician su tarea las máquinas. (26 de septiembre.)

14☐Frente a los restos del edificio, el padre lleva diez días al acecho de un cuerpo. Es campesino, y para eso se vino de Oaxaca. No soporta la idea de la fosa común para su hija. Él quiere llevársela a la tierra donde nació. Allí está su lugar de descanso. Por eso aguarda día y noche. (30 de septiembre.)

15☐El bombero narra su experiencia: "No somos muchos, apenas 718 bomberos para una ciudad de estas dimensiones, pero hacemos lo que se puede. Antier permanecí más de 24 horas sin dormir, y no tenía hambre, no me daba. Sólo anhelaba rescatar lo antes posible a quienes estaban abajo, en los escombros. Los gritos se metían en el corazón. Logramos remover unas losas y sacar a una señora. Nos dijo "Gracias". Sólo me quedó esta palabra, pero me pareció más que suficiente". (27 de septiembre.)

16☐"Pienso que esta desgracia nos abrirá al menos los ojos a la prepotencia, al descaro y explotacion con que tratamos a la naturaleza. Todo está vivo, aunque nosotros no nos demos cuenta, y si lo maltratamos, protesta y ya ve, un suspiro de la tierra cómo nos desbarató la existencia y el porvenir. Sólo nos queda la certeza de la incertidumbre." Edgardo Chávez, damnificado de 72 años. (Entrevista de Saíde Sesín, *Unomásuno*, 25 de septiembre.)

EXPEDIENTE II ■ EL EDIFICIO NUEVO LEÓN

"¡Estoy vivo!

Fotos y filmaciones divulgan en el mundo el derrumbe del edificio Nuevo León en la Unidad Habitacional Nonoalco-Tlatelolco. Sobre las otras imágenes irresistibles (el Hotel Regis consumido por el fuego, la colonia Roma devastada, el Centro Médico), priva el efecto de las inmensas ruinas de Tlatelolco y sus hormigueros humanos.

Todo es en un instante, "como casita de naipes, como cuerpo sin columna vertebral": crujen muros y pisos, se derrumban dos módulos del edificio, y vuelan vidrios, losetas, plafones, puertas. En medio de la danza de varilla, cemento y hierros retorcidos, se esparcen las ruinas domésticas: colchones, televisores, zapatos, ropa, papeles, fotografías, sillas, máquinas de escribir, máquinas de coser, muebles, automóviles convertidos en chatarra. En la desesperación, algunos se arrojan por las ventanas. Otros sienten como si un elevador a toda velocidad los arrojase al suelo: "La tierra me jalaba, me jalaba y me arrancó los zapatos". Los padres mueren abrazados a sus hijos. En el departamento de lavandería se acumulan los cadáveres. La gente corre desnuda o semidesnuda. Una mujer reza a gritos: "Señor perdónanos a todos. Calma tu ira. ¿Por qué te enojas con nosotros?" Los sobrevivientes acampan en las glorietas cercanas, en las banquetas, en la Plaza de las Tres Culturas.

Las exclamaciones son casi rituales: "¡Aquí hay personas vivas!"/ "Ya sacaron otro muerto"/ "Aquí está una señora"/ "Ayuden, por favor"/ "¡Estoy vivo!" A la hora ya trabajan en el rescate scouts, vecinos, soldados, voluntarios, policías, que se distribuyen palas, barretas, picos, mazos, marros, seguetas, cuerdas. La atmósfera es —por situarle un adjetivo— demencial, y la dominan las sirenas de ambulancias y patrullas. Los rescatistas se distribuyen en los niveles de las ruinas como en una pirámide. A las 11:45 de la mañana llega el Presidente de la República, con el regente Ramón Aguirre. Se le aplaude y se le pide maquinaria. A lo largo del día ante los 60 metros cúbicos de cascajo, crecen la angustia y el esfuerzo colectivo. La Plaza de las Tres Culturas es un gigantesco campamento. A quien se les acerca los sobrevivientes del Nuevo León le recuerdan la manta que durante meses permaneció colgada del edificio, y en donde los residentes exigían reparaciones básicas. La ironía es, en ese momento, sobrecogedora: "De seguro, la manta pesó demasiado y fue la que tiró el edificio".

26 de septiembre. "De aquí no me muevo hasta hallar a mis parientes"

El casco de aluminio, la barba crecida, el pantalón de mezclilla, los anteojos de plástico. El célebre tenor Plácido Domingo aterrizó en México el domingo 22. Sus tíos, con quienes vivió de niño, y sus primos, eran habitantes del Nuevo León, y él se ha precipitado en su búsqueda: "De aquí no me muevo hasta hallar a los míos". Desde su arribo coordina el abasto de material, equipo y alimento para las brigadas de rescate. Él lo repite: "Me importa hacer valer mi fama para obtener la ayuda internacional".

Un altavoz notifica:

—Se necesitan cinceles, discos para cortadora, gasas en grandes cantidades, pinzas mecánicas, batas, agua oxigenada, maskinteip, vinagre, inyecciones para tétanos, formol, lámparas, mantas, alcohol, gasolina diesel, baterías.

—Se solicitan voluntarios para sopletes y rompedoras mecánicas.

—¿A qué hora llega la grúa?

—Ya sacaron otro muerto.

A Plácido Domingo lo asedian los reporteros nacionales e internacionales y él pide ayuda, exige que no se use la maquinaria, y a la pregunta de Jacobo Zabludowsky ("¿No teme que con el polvo se le arruine la voz?") responde de modo escueto: "Me importa que los cuerpos se rescaten con dignidad".

A su alrededor, hay grúas "pluma", trascabos, camiones de volteo, soldados, policías, voluntarios. Y él es el centro, él acompaña a las esposas de los presidentes De la Madrid y Reagan en el recorrido luctuoso, él es el confidente predilecto de los deudos, y él es quien reparte mascarillas, palas, linternas. Sus afirmaciones son tajantes: "Si se necesita dinero, que devuelvan lo que se robaron los políticos y empresarios en sexenios anteriores", y su compromiso con las víctimas es inequívoco.

"¿Qué culpa tenemos del temblor?"

El funcionario del Fondo Nacional para la Habitación Popular (Fonhapo) es vehemente: "¿Qué culpa tiene el gobierno de que haya temblado?" Los vecinos de Tlatelolco, en cambio, usan la palabra *asesinato* para hablar del edificio Nuevo León, y responsabilizan a los organismos a cargo del mantenimiento y la administración: Banobras y Fonhapo. Ante los reporteros, los vecinos se desahogan: Al sismo en el Nuevo León, aseguran, lo potenció el modo en que los funcionarios menospreciaron las reclamaciones: inclinación del edificio más allá de las mínimas normas de seguridad, daños permanentes en el drenaje, cuarteaduras.

Es ya antiguo este proceso de riesgos habitacionales y protesta desdeñada. La Unidad Nonoalco-Tlatelolco se inicia en 1960 y se termina en 1964, como un regalo de fin de sexenio del presidente Adolfo López Mateos a su clientela burocrática. El gobierno se embelesa ante la modernidad, y el Banco Interamericano de Desarrollo ama el avance de México al punto de financiar el proyecto. Tlatelolco, modesta utopía del México sin vecindades. Emilio Pradilla Cobos ha estudiado el derrumbe precoz del sueño de los planificadores y diseñadores capitalinos de los años sesenta (*Tlatelolco, La unidad habitacional modelo/ el proyecto revolucionario de vivienda*), y la imprevisión del urbanismo funcionalista. Diseñada para mil habitantes, la Unidad termina alojando más de 150 mil, y a la sobreocupación y el hacinamiento los promueven el aumento del déficit de vivienda en el DF, las rentas bajas en comparación a las del mercado, y la buena localización del conjunto.

Ya en 1966 a la Unidad la guían prácticas "heterodoxas": el subarriendo parcial de los departamentos y la ocupación de los cuartos de azotea (destinados originalmente a las empleadas domésticas). Familias de cinco miembros en promedio invaden los 3 800 cuartos de servicio de los edificios de vivienda e incluso los estacionamientos. Son los parientes de los posesionarios, los arrendatarios y sus familias, las domésticas casadas o madres solteras, los ocupantes ilegales. Cada diez cuartos disponen de un lavadero y un baño.

Pese a las leyes, explica Pradilla, en la Unidad se reproduce la concentración de la propiedad de departamentos y cuartos de azotea, gracias a las triquiñuelas esperadas: prestanombres, esposas, hijos, otros parientes, etcétera. Un sólo posesionario controla 14 viviendas. La especulación es impetuosa: en un año dado, mientras los posesionarios regulares pagan rentas o cuotas de entre 500 y mil 300 pesos (más 900 de mantenimiento), se cobran entre 1 500 y 6 000 pesos por un cuarto de azotea. Al principio, el precio de los departamentos fue de 50 mil a 600 mil pesos e interés del 5%, pero en 1984 se cobra 250 mil pesos por la propiedad (legal o ilegal) de un cuarto de azotea.

A la especulación la alimenta el cambio de régimen de tenencia. Si a la Unidad la rige en los primeros años la renta bajo control estatal, ya en 1974 se inicia su privatización al desistir los organismos estatales de la fórmula de vivienda de alquiler. En 1984 se cierra el ciclo, con el paso de los *certificados de participación inmobiliaria no amortizable* a la forma más capitalista: el condominio. Sobreocupada y sobrepoblada, la Unidad Nonoalco-Tlatelolco padece el deterioro de las infraestructuras y los servicios sociales. Son demasiados habitantes para la oferta existente de educación, salud, recreación, áreas verdes y estacionamientos.

Fue breve el sueño de *la unidad habitacional integrada y autosuficiente*. La "vivienda de interés social" nunca lo es tanto, los departamentos se arruinan con celeridad, la violencia social es un cerco diurno y nocturno, es atroz el sistema de mantenimiento. Al sentirse víctimas de un fraude y queriéndolo o no, los residentes se unen en demanda de mejores condiciones. En 1974 —informan Adriana López Monjardin y Carolina Verduzco en "Vivienda popular y autoconstrucción", *Cuadernos Políticos*, 45— los habitantes de los edificios Arteaga y Lerdo inician el movimiento de autoadministración al negarse a pagar 20% de aumento de las cuotas de mantenimiento. Se convoca a una huelga de pagos, y los residentes de 70 edificios se suman y exigen la auditoría de la Asociación Inmobiliaria (AISA), que controla la Unidad Tlatelolco. En 1982, Fonhapo se encarga de la Unidad, y el mayor problema es el edificio Nuevo León, cuyas condiciones agravadas provocan el desalojo general por unos meses. Se pelea la recimentación del inmueble. Hay una en 1983, pero no sirve de nada, al contrario, por los materiales y la técnica deficientes. Las autoridades prometen pero desganadamente. Para los vecinos sólo existe un resumen de su actitud: "Fue un homicidio colectivo".

"Agrédannos pero a todos"

En la reunión de los vecinos de Tlatelolco, la diputada Elba Esther Gordillo quiere hablar, pese a la oposición general. La gente está muy irritada por todo: las broncas con los soldados, el desdén apenas frenado del delegado y el subdelegado, los 4 mil pesos diarios que el gobierno les da a los del Nuevo León y que no alcanzan para nada, el despotismo de los funcionarios, el morbo de los reporteros obstinados en hacer del rescate un show alrededor de Plácido Domingo. Con tal de acunar en su regazo al gobierno, Elba Esther habla sin detenerse, se repite, suplica con amenazas, y la gente la manda a intimidar al Regente. Ella se enoja y sus guaruras sostienen con apereza su furia. Se le puntualiza: "Aquí los residentes nos conocemos, y a las personas que vienen armadas nunca las habíamos visto".

Dos horas más tarde los vecinos se dirigen a Fonhapo, cercada por soldados que cortan cartucho. Hay tensión y rabia silenciosa. Se pide una entrevista con el subdirector, que dará los permisos para extraer cosas imprescindibles de los departamentos. El subdirector se oculta. Un joven retira la cuerda que impide el paso, y una muchacha de la oficina lo rechaza a puntapiés. Los granaderos están muy alterados. Alguien dice: "Si eso es la labor de ustedes, pues agrédannos, pero a todos".

Pronto, y entre querellas inacabables, surgen diversas organizaciones de vecinos de Tlatelolco, entre ellas la de residentes de cuartos de azotea. A diario, en el auditorio Antonio Caso de la Unidad, las asambleas modifican las demandas económicas. ¿Cuántos vivían en los 2 kilómetros cuadrados de la Unidad, y cuántos de los habitantes de los 102 edificios tienen derechos inobjetables? El negociador gubernamental es el secretario de SEDUE Guillermo Carrillo Arena, amenazador, adulón, prepotente, demagógico, cantinflesco. El líder de la Asamblea de Tlatelolco, el médico Cuauhtémoc Abarca, representa la dirigencia formado en asambleas estudiantiles. La organización crece, en medio de los campamentos de damnificados, del rescate de cadáveres, de los escollos jurídicos y administrativos y de la penuria de la mayoría. En las asambleas es arduo el aprendizaje de la nueva cultura urbana. Junto al presídium (que apenas lo es, nadie permanece en su sitio más de 20 minutos), un compañero explica el intríngulis inmobiliario, las sutilezas jurídicas, el alud de requisitos. Y la palabra *vecino* sustituye a *compañero* (y en el lenguaje oficial *transparencia* suplanta a *probidad*).

En las asambleas lo primero es oponerse a la negociación edificio por edificio. Se insiste: "Se quiere dividir a los residentes, manipularnos por separado". Siempre, alguien se dice harto de la maniobra de la semana, por ejemplo los peritos de martillo y de cincel, que vienen, se paran, revisan a ojo las columnas y se largan sin dejarnos entender sus respuestas, ni contestar a la preocupación central: "Si nos van a desalojar, ¿dónde viviremos?"

Los vecinos se absorben en las explicaciones técnicas, toman apuntes mentales y aplauden con sinceridad a quien es conminatorio:

—Vamos a Los Pinos de nuevo, a hablar con los funcionarios. Propongo este pliego petitorio: retirar a la SEDUE de las negociaciones; destituir a Carrillo Arena; sólo tratar con el Presidente o con el Procurador General de la República. Que los funcionarios menores nomás lleven nuestros recados.

3 de octubre. La organización desde abajo. (Laura, habitante del edificio Nuevo León de Tlatelolco)

—De la experiencia del temblor casi no hablo. La he bloqueado, la he dejado fuera. Si me preguntan contesto mecánicamente, pero sé que por mucho tiempo me perseguirá esa turba de imágenes, mujeres y hombres desnudos, ensangrentados, llorando, corriendo, rezando, con la mirada perdida, preguntando dónde quedó el edificio, quién ha visto a su madre o sus hijos, y el crujido que no termina, jamás se acaba. . . Prefiero referirme a los días siguientes (no del jueves al domingo, cuando lo que valía a los ojos de todos era la condición de *sobreviviente*, aquel que retrocedió a un paso de la muerte), sino a partir del lunes 23, cuando al irse desvaneciendo la aureola del martirio, se nos trasladó descaradamente de la condición de "hermanos víctimas" a la de *damnificados*, sujetos incapaces de probar que carecían de todo.

A la fuerza nos organizó nuestro tema único: ¿De qué manera obtener viviendas dignas e indemnizaciones justas? Al principio todo era cuesta arriba, muchos habían muerto, andábamos aturdidos, y desconfiábamos de cualquiera que elevara la voz. Como no nos íbamos a pasar la vida quejándonos ante los reporteros de prensa y de televisión (a los que pronto aburrimos), decidimos usar nuestros derechos. Sabíamos a quién reclamarle porque muchas de nuestras querellas ya eran viejas y empezó la bronca. Los funcionarios de la Delegación Cuauhtémoc, y los de Fonhapo, tan empalagosos cuando había fotógrafos cerca, se volvieron ojos de hormiga, el Regente estaba siempre ocupado, y nos remitió a SEDUE, a donde fuimos con un equipo de tele de la UNAM. Nos recibió un licenciado de la oficina de prensa, también con equipo de televisión, y lo filmamos y nos filmó y luego exigió la salida de nuestras cámaras. "¿Por qué?", le preguntó en voz baja un vecino. "Son órdenes, en las reuniones de estudio y análisis sólo entran al final los medios de comunicación, para que se les informe de los acuerdos del gobierno".

El vecino subió la voz: "¿Dónde está esa orden por escrito? Muéstrela". El comunicólogo insistió: "No habrá diálogo mientras no salgan sus cámaras". Y la respuesta fue visceral: "Que se salga la suya". . . Finalmente nos arreglamos: se van después de la lectura de la minuta, y vuelven para testimoniar los acuerdos. Porque nosotros no íbamos por el café o por un análisis de contenido de nuestras demandas.

Al rato, el ofrecimiento: comprobados los derechos, obtendrán departamentos de Infonavit y Fonhapo. A los de las azoteas, sólo si tienen ISSSTE o Infonavit. No habrá indemnización por muerte o por pérdida de materiales. Y si los damnificados resultan no serlo, se les aplicará todo el rigor de la ley. . . Apenas podía creer lo que oía. Salir del Nuevo León y caer en el terremoto de la burocracia.

Se nos dijo: el gobierno nomás quiere ayudar, y el cumplimiento de unos cuantos requisitos. Y les creímos: el subsecretario nos envió con el oficial mayor que nos remitió con el secretario particular que, tras algunos forcejeos concedió media hora de permiso a los habitantes de los edificios desahuciados para sacar sus pertenencias, y declaró a los demás: "Regresen, ya no hay peligro".

Los del edificio Lerdo de Tejada nos pidieron acompañarlos a la delegación. Cuando algún empleado se dejó, lo abordamos: "Oiga licenciado (si no les dices "licenciado" piensan que los desconoces), no la amuele, el piso está desnivelado, hay grietas, tiembla todito y no sólo es nuestra paranoia, no hay estudios reales de cimentación". Nomás me vio: "Y usted por qué le hace caso a pandilleros de la Universidad. Ésos sólo azuzan a la gente". Me sentí avergonzada, no de lo que dije, sino de que un sujeto así decidiese en asuntos graves. Cuando el tipo advirtió que insistíamos, soltó la telenovela, cómo no los voy a comprender, yo vi nacer Tlatelolco, yo asistí a la inauguración de la panadería Acapulco, fui su vecino, a la que hoy es mi señora me le declaré frente al edificio Chihuahua. Y en vez de aceptar la discusión, me llamó aparte: "Cuídese de los comunistas que nomás manipulan. Pórtese bien y le conseguimos vivienda". Por poco y le miento la madre.

Si de vivencias se trata, en quince días he atesorado como para diez años. Ahora sí entiendo bien las inseguridades, y no me asombro de quienes duermen fuera por temor. Fíjese en lo que pasó ayer, 2 de octubre, por ejemplo. Estábamos unos cuantos allí en Tlatelolco, mirándonos, y un señor que es arquitecto, sugiere: "No le hace que seamos pocos. Hagamos el acto". Pusimos las tumbas de flores y las velas, y se fueron acercando las señoras del campamento de refugiados, llorando. Traían flores y veladoras. Los niños se hincaron, y ellas se persignaban.

Me pidieron que hablara, y dije algo sobre las fechas que no podíamos olvidar. Lo del 68 fue un crimen por soberbia; lo de ahora es un crimen por negligencia, y esas muertes deben contribuir a que el pueblo viva mejor. El arquitecto intervino y le agradeció a los jóvenes que hace 17 años quisieron un México mejor. Y se le quebró la voz y se interrumpió. Y me pareció que hizo lo debido.

Los vecinos le tienen miedo a la policía. Les dice uno esa palabra y retroceden. No quieren nada con los partidos. Ni siquiera los convence Martínez Verdugo, el del PSUM, que vivía aquí y es damnificado. Sólo creen en los universitarios y en los peritajes (los del edificio Lerdo contrataron un equipo con ingenieros).

Y ahora, ¿quién se encarga de los pensionados, de los huérfanos, de los que quedaron lisiados, sin forma de ganarse la vida? ¿Cuánto durarán los campamentos? Hay que seguirle, pero si la normalización social es imposible, nadie vive sin su normalidad propia. Uno quiere trabajar y habitar en un sitio seguro, y eso acaba siendo lo principal. Aunque también a diario sucede algo estimulante. Ayer, luego de que hablé en la reunión, un señor se me acerca y me dice casi sin levantar la vista: "Yo estoy con ustedes. Yo perdí a toda mi familia. ¿Qué más puedo perder?"

25 de octubre. De la vida tras el escritorio

En la reunión, el arquitecto Guillermo Carrillo Arena, titular de SEDUE, se ve tranquilo. Él —y su mejor tarjeta de presentación es el aire de crédito social que de su persona se desprende— es secretario de Estado, alguien cuya carrera es lujo de su gremio. Los vecinos de Tlatelolco discuten, se exasperan y él se permite una sonrisa *¿Decía usted? Sí, mire en lo tocante al asunto de las indemnizaciones, el Estado*. . . y las respuestas dan igual, lo valioso es lo aprendido en los años de puestos con acceso a los contratos y de contratos cuya magnificencia asegura el ascenso.

El arquitecto Carrillo no se hizo en un día, él memorizó la senda del éxito, y por eso soporta las impertinencias (las irreverencias) de quienes no contentos con no haberse muerto, exigen prestaciones. Sea por Dios y por el diálogo. *Es evidente la transparencia en el manejo de fondos públicos y de la ayuda extranjera. Vea usted las comisiones de la Reconstrucción*. . . Todas a cargo de funcionarios tan bien vestidos que a nadie se le ocurriría que fuesen subalternos. Así es la política: quien decora, representa.

El Señor Secretario se fatiga. ¡Qué precios se pagan por no dejar sola a la Patria! Calumnias, insultos, voces broncas contra él en las marchas, sesiones tediosas con quienes no comprenden lo esencial: si se ofrece lo que hay, se acepta de rodillas lo que se ofrece. Bendito el Destino que no lo hizo peticionario; él jamás ha solicitado, él siempre ha estado en posición de conceder. *Mire usted*. . . y encarga sándwiches y refrescos, y varía levemente de posición, y extiende su cálido perfil de ausencia. Él revisa ahora las frases que un semanario ha publicado a modo de acusación. Bueno, sí las dijo, y hay traidores que las divulgaron, pero ¿qué le ven de malo? Él así habla: "Dentro del dramatismo de la catástrofe, parece ser que los daños, que han costado evidentemente muchos miles de vidas, no presentan las características de un desastre donde hay muchos damnificados". Así es, ¿o quién decide cuántos son muchos? Y esta otra sentencia todavía tan válida: "La vivienda en este país no se regala. En este país no cometeremos el error de regalar jamás una vivienda y menos ahora. . . El gobierno, lo que puede hacer ante una fuerza superior, es proporcionar albergue y comida, nunca vivienda".

Los periodistas son unos pobres diablos. Dicen que al tomar posesión del cargo él declaró ser poseedor de una fortuna de 15 mil millones de pesos, y también lo acusan de "criminal" por ser responsable técnico de la construcción de los centros hospitalarios caídos. Y él se irrita. Ya los demandará ante la Procuraduría General de la República, aunque viéndolo bien todavía no lo acusan de pobre, y que le hagan buenos los 15 mil millones. A esos difamadores él quisiera acabarlos porque cuesta mucho trabajo la paz social para que se la coman en un ratito. Él, si le permiten la expresión, ya está hasta la madre de los damnificados que quisieran no ser tan poquitos, de los periodistas que nomás le chupan el tiempo pidiendo información, de los muchachitos con bandera roja corre y corre por la ciudad y sintiéndose gente buena porque hicieron siete tortas, de los cobardes que intencionalmente confunden la crisis financiera con la crisis de perder familiares, de los sobrepolitizadores que agitan a la comunidad. . . Él quiere trabajar y servir al Señor Presidente, y para eso necesita que no lo jeringuen en su oficina. Ya él llamará a los peticionarios cuando se le ocurra alguna solución.

Los aplazamientos y las negociaciones

Del 24 de septiembre al 1º de noviembre se lucha de modo incierto contra la burocracia, el tortuguismo, la desorganización. Los vecinos pasan de la sensación de haber nacido de nuevo a la sensación de no existir. Es arduo determinar el monto de los seguros ¿y cuánto vale cada departamento y cada muerto? Allí se centra el estire y afloje. El 2 de octubre el Presidente ordena una investigación exhaustiva de la tragedia del Nuevo León, pero el gobierno jamás acepta el término *indemnización* (precedente funesto) y se desconoce el compromiso presidencial y de Fonhapo: la restitución de viviendas. La Subdirección de Viviendas sólo reconoce el seguro de daños no contratados por los adquirientes, valuados en 683 millones de pesos, luego reducidos a 400. El arquitecto Carrillo Arena sólo concede degollinas fílmicas: "Si quieren la cabeza del director de Fonhapo la tendrán en bandeja".

Nuevo cambio de manos. Como los residentes no quieren ya tratos con la SEDUE, interviene Gobernación. El subsecretario Jorge Carrillo Olea pregunta: "¿Por qué se empantanaron las negociaciones?" Se le contesta: imposible hablar con Carrillo Arena. Se promete agilizar trámites, y luego de tres sesiones en SEDUE, fastidiosísimas, inacabables, sembradas de trucos, se obtiene lo máximo por esa vía, y concluye la parte formal. El gobierno asegura dar todo el dinero posible, incluyendo la cantidad del seguro, compensaciones especiales, menaje, la *huella* del edificio. Otros rubros: por cuarto de servicio, 200 mil; por automóvil colapsado, 200 mil a 900 mil. Así, a los inquilinos de una recámara les tocaron 3 millones y fracción; a los de 2 recámaras, 4 millones y fracción; a los de 3 recámaras, 5 millones y fracción. A los que vivían en el módulo que quedó en pie, mucho menos. En cuanto a los muertos, 1 096 días de salario mínimo.

Los problemas no terminan: se han identificado sólo 189 cuerpos de los 472 registrados, y quizás muchos cadáveres terminaron en la fosa común. Y las viviendas asignadas con créditos *blandos*, quedan lejísimos, en zonas conurbadas del estado de México.

6 de noviembre. El desgaste

—No se puede prolongar una lucha más allá de las fuerzas, no de las personas, sino de las familias. No se puede ser mártir para siempre. Si los del Nuevo León cedimos y negociamos, no fue porque creyéramos que se nos daba lo justo, sino por la fatiga. Era espantoso día con día lo mismo, juntas donde ya los discursos hablaban solos, vueltas y vueltas con funcionarios que te miran sin verte, café, bocadillos, un momento por favor y pasan tres y cuatro horas, y tienes ganas de mudarte a la antesala para siempre, está mucho mejor que los albergues, y pasa un mes y tú jodidísimo.

Por supuesto que ahora con 4 o 5 millones de pesos uno no se compra un buen departamento o una casa decorosa. Se compran paredes y cimientos en sitios remotos del estado de México, pero ¿qué se le hace? De lo perdido, lo que aparezca. Ahora, si quiero ser optimista, le digo lo siguiente: de lo negociado, una cláusula inyectó un poco de dignidad y esperanza a la comunidad del Nuevo León: "deslinde de responsabilidades y castigo a los culpables". Al respecto, no tengo dudas sobre nuestro comportamiento próximo. Si seguimos organizados, buscaremos vengarnos. Yo no sé si es muy fuerte la expresión, pero a quienes perdimos seres queridos, a quienes veíamos a esas niñas y esas familias en los corredores y en los elevadores, la palabra *venganza* nos parece insustituible.

Los rescatistas: la batalla de Conalep

En su mensaje del 3 de octubre, el presidente De la Madrid reconoce a los "topos", fruto de la espontaneidad, protagonistas de una de las gestas que más han honrado a la patria. Los "topos", continúa el Presidente, "sin previa experiencia u organización pudieron organizarse a sí mismos, pudieron integrarse a los cuerpos de rescate y lograron salvar la vida de sus compatriotas o encontrar los cuerpos de nuestros muertos".

Aparecen los "topos", la especie instantánea, que cavan en condiciones de extrema dificultad, aprenden a usar el soplete, desprecian las ofertas de burgueses sólo ansiosos de recuperar sus cajas fuertes. En túneles sorpresivos, el "topo" se despoja de tapabocas o mascarillas con tal de oler y localizar a los muertos, atiende con cuidado a los cadáveres para que no se deshagan, se mueve casi a ciegas entre el polvo, conduce a la superficie cuerpos en descomposición arrastrándose durante horas. Su eficacia se nutre en el respeto a la vida y el respeto a los cuerpos, que deben entregarse a las familias y protegerse de la prisa de los conductores de bulldozers.

Lo que el discurso presidencial no contiene es el doble esfuerzo de los "topos", su lucha contra la incomprensión de militares y funcionarios, la angustia centuplicada ante la incapacidad oficial de unir esfuerzos, de imponer criterios nacionales. Para dar un ejemplo de su formidable actividad, el trabajo en la escuela técnica Conalep en la calle Balderas. Allí los "topos" resisten el humo, el frío, el segundo sismo, la burocracia instantánea, la sensación de fracaso, las interminables preguntas, el olor insoportable, la frecuentación de los cadáveres, el aturdimiento de los "vueltos a nacer", el rezo de los familiares en murmullos o a gritos, el abatimiento por oleadas, los relatos de los sobrevivientes que hablan de alumnos apiñados en torno al profesor, implorando y llorando mientras el oxígeno disminuye. En el Conalep los "topos" escuchan confesiones idénticas: "Tronó el edificio, los vidrios se rompieron y varios agarraron sus cuadernos y trataron de alcanzar la calle, sólo que la caída del techo detuvo su loca carrera". El "topo" ya va a adentrarse en la operación de salvamento, y una vez más reflexiona ante una grabadora. Él no quiere llamar la atención sobre sí mismo, vino porque era su deber, es bonito ayudar a las personas que en la angustia se vuelven hermanos, él y sus compañeros están destinados a ser héroes anónimos, y aunque den sus nombres y los publiquen, seguirán siendo anónimos, de eso se trata, y eso vale incluso para el más famoso por su habilidad en improvisar senderos entre fierros y cemento, Marcos Efrén Zaraviña, socorrista de la Cruz Roja de Cuautla, a quien todos llaman "La Pulga". En su recuento, hay mucho de la hazaña que persiste en medio del olvido de quien la ejecutó. "Volví a nacer. Muchas veces me encontré entre la vida y la muerte. Me siento feliz y satisfecho de haber rescatado a 27 personas vivas. No espero recompensa económica. Nunca tuve miedo a pesar de que trabajé en la oscuridad más completa, entre el hedor y la putrefacción. Mi mayor recompensa fue sacar viva a esa pobre gente desesperada. Sin duda alguna el salvamento más difícil y el que más emociones me dio fue el de Abel Ramírez, de 20 años, estudiante del Conalep. Mientras ingenieros y capitanes elaboraban un plano de rescate, pedí permiso para sacarlo vivo. Se burlaron al principio, y luego me dejaron ir y me dieron guantes, tijeras para cortar metal, un casco y un respirador, pero en el túnel sólo conservé las tijeras. Fue un recorrido macabro por un conducto de 30 centímetros de 6 o 7 metros, y para llegar a Abelito fueron dos días de quitar escombros, cadáveres, restos humanos en plena descomposición. El tercer día tardé doce horas y en el trayecto vi como a 20 muertos. Cuando llegué hasta él le dije: 'Abelito, no te me desesperes. Ya estoy muy cerca de ti. Ya casi te alcanzo. Espérame tantito. Ahorita te saco de aquí'. Cuando logré agarrarlo de la mano, lloramos juntos. Él estaba atrapado entre dos cadáveres de sus compañeros que se descomponían. Le dije que llorara lo más que pudiera. Después, emprendimos el regreso a la vida" (Entrevista de Luis Muñiz Fuentes. *La Prensa*, 2 de noviembre).

NOTICIERO III ■ "EL CARÁCTER DEL PUEBLO"

El distanciamiento progresivo de la tragedia devuelve la información a su estado indiferenciado y confuso. ¿Quién advierte la muerte del ingeniero Jesús Vitela Valdés, de Pemex, en una operación de rescate? En el DIF más de dos mil solicitantes desean adoptar a 15 niños huérfanos. La iniciativa privada aprovecha el viaje y exige "la reprivatización de la sociedad mexicana". En su turno, a Díaz Redondo, el Presidente le declara que no hará cambios en el Gabinete, y al preguntársele sobre el deterioro del sistema y la gran irritación contra el gobierno, responde categórico: "No lo creo. Yo no veo en la mayoría del pueblo de México un deseo de cambio fundamental de nuestra estructura política''.

El Presidente garantiza ''estricta honradez en el manejo de los donativos''. Se atribuye a sobrepeso la caída de muchos inmuebles. Con tranquilidad estadística, el psiquiatra Agustín Palacios asegura que el 10 por ciento de los damnificados carece de protección psicológica para enfrentar la realidad, y al resto le pronostica irritación, angustia, procesos psicóticos y ataques de angustia de corta duración (*Unomásuno*, 29 de septiembre). Con énfasis complementario, la doctora María Teresa Romero, dirigente de la Sociedad Nacional de Psicología e Hipnosis Clínica y Experimental A.C., emite su proposición: ''En estos momentos, la mejor técnica para auxiliar a la población mexicana es la hipnosis. Una medida psicoterapéutica para la readaptación y equilibrio mental de todos los que sufrimos la tragedia'' (*El Nacional*, 7 de octubre).

Lo observado el 19 de septiembre resulta la actitud prevaleciente. La conducta antisocial (delincuencia, robo, crímenes) es insignificante en relación a la ayuda mutua. A los detenidos, no más de quinientas personas, se les acusa de hurtos menores, más cercanos a la necesidad que al saqueo. A fines de octubre, la ''ola de solidaridad'' ha disminuido y hay ataques vandálicos a los puestos de socorro. Se divulgan, sin demasiado énfasis, historias de ''voluntarios'' que lo eran para hacerse de sus propios almacenes, pero ya es tarde. Aumenta la incidencia de enfermedades gastrointestinales y en vías respiratorias. Algunos voluntarios pierden sus empleos porque los jefes no justifican las faltas.

En una encuesta del Instituto Mexicano de Opinión Pública el 56 por ciento de los entrevistados juzga tardía la acción del gobierno en materia de rescate y salvamento; 57 por ciento, que las autoridades en su conjunto hicieron menos de lo esperado; 69 por ciento, que el régimen no organizó debidamente la ayuda espontánea de la sociedad; 75 por ciento, que el gobierno no está preparado para lo imprevisto (*La Jornada*, 30 de octubre).

Para deshacerse de las sospechas sobre su experiencia, el gobierno recurre a su instrumento óptimo: la burocratización, y prodiga comisiones, comités, programas, consejos, grupos de trabajo y apoyo, el Fondo Nacional de la Reconstrucción, la Comisión Nacional de Reconstrucción con seis comités y 40 subcomités, una comisión nacional y una metropolitana de emergencia. La Comisión Intersecretarial para Auxilio de la Zona Metropolitana se divide en 13 coordinadoras entre ellas la Coordinadora de Inspección y Peritajes, la

Coordinadora de Equipo Pesado para Rescate y Demolición. . . El organigrama, churrigueresco legítimo, se extiende, lo cubre todo y potencia las dilaciones y la ineptitud.

Las recapitulaciones se hacen indispensables. En octubre, el poeta Octavio Paz declara al diario francés *Liberación*: "Fue extraordinaria la capacidad de las empresas privadas que construyeron todos esos inmuebles; la megalomanía del gobierno que levantó edificios por donde quiera muy rápido y muy mal, que se cayeron como castillos de naipes. Y aquí podemos decir que hay una especie de justicia poética. . . Sí, yo conocía el carácter de mi pueblo, lo había visto bajo la luz de la deshonestidad, del individualismo, lo hallaba demasiado pasivo, demasiado resignado. . ."

Según el Departamento del Distrito Federal (datos de octubre de 1987) éstos fueron los daños más significativos: 4 mil 541 cadáveres presentados ante las agencias del Ministerio Público; 15 mil 936 heridos, de los cuales 5 mil 748 con lesiones mayores, y 10 mil 188 con lesiones menores; aproximadamente 100 mil familias con perjuicios en sus viviendas; más de 12 mil inmuebles afectados, presentando el 47% daños menores, el 38% fracturas y el 15% desplome en la infraestructura, con derrumbe parcial o total. El 56% de las construcciones dañadas se ubicaron en la delegación Cuauhtémoc, el 18% en la Venustiano Carranza, el 17% en la Benito Juárez y el 9% restante distribuido en las otras trece delegaciones.

Entre los inmuebles afectados, los de uso habitacional representaron el 65.4% del total; en segundo término el comercial con el 14.0%; de uso educativo 13.0%; oficinas 6%; el 0.7% hospitalario; 0.6 recreativo y 0.3% industrial. Los sismos perjudicaron mil 687 edificios educativos. Cerca de 24 mil estudiantes y 700 profesores fueron relocalizados de manera permanente y 50 mil estudiantes y mil 500 maestros en forma temporal. Un millón y medio de estudiantes sufrió la interrupción temporal de clases, por la carencia de servicios y las tareas de rescate.

Talleres dañados de la pequeña industria (principalmente del vestido): mil 236. En transporte, del total de 220 rutas de Autotransportes Urbanos de Pasajeros R-100, quedaron fuera de servicio el 40 por ciento, y de las 101 estaciones del Metro se cerraron al público 32. El suministro de energía eléctrica disminuyó en cerca del 40 por ciento. En materia de vialidad se registraron daños por fracturas, grietas y hundimientos en 310 calles, avenidas, vías rápidas y ejes viales; 526 mil 87 metros^2 de carpeta asfáltica, 85 mil 610 metros^2 de banquetas y 37 mil 444 metros de guarniciones. La red de semáforos sufrió una merma en su sistema computarizado del 50%, y del 15% en el electromecánico, con 390 cruceros averiados.

Fueron grandes las pérdidas de la administración pública federal. Resultó afectada una superficie de 1.7 kilómetros cuadrados de oficinas, donde laboraban 145 mil 560 servidores públicos en 343 edificios, de los cuales el 30% era propiedad del Estado y el resto de particulares. Las Secretarías más dañadas: Marina, Comunicaciones y Transportes, Comercio y Fomento Industrial, Trabajo y Previsión Social, Reforma Agraria, Hacienda y Crédito Público, Programación y Presupuesto, Salud, Gobernación, la Procuraduría de Justicia y el Departamento del Distrito Federal. Y agrega el informe del DDF:

Las instalaciones telefónicas de la ciudad de México registraron el daño más grave que ha sufrido una red telefónica en el mundo. El servicio de larga distancia nacional e internacional se vio interrumpido; las comunicaciones entre el norte y el sur del país que estaban canalizadas a través de la capital quedaron obstruidas, y se afectaron algunas poblaciones por la destrucción parcial o total de 50 radios microondas, 150 supergrupos de equipos Multiplex, 6 centrales automáticas de larga distancia, dos centrales Tande y tres centrales locales.

Se recibieron 296 vuelos y 99 embarques provenientes de 45 países y del interior de la República; acopiándose 5 mil 709.5 toneladas de donativos en especie, de los cuales 3 mil 897.1 se destinaron al Gobierno Federal y las restantes 1 mil 812.4 a la Cruz Roja Mexicana, embajadas y particulares.

Lo destinado al Gobierno Federal fueron 397.3 toneladas de medicamentos; 226 toneladas de instrumental y equipo médico; 957.7 toneladas de alimentos; 1 mil 414.2 toneladas de maquinaria y equipo de rescate; 861.9 toneladas de ropa, mantas y equipos de campamento; y 40 toneladas de productos diversos.

A partir del 20 de septiembre acudieron al país 19 delegaciones de otros tantos países, integradas por elementos de rescate, bomberos, entrenadores de perros, doctores, paramédicos, enfermeras, técnicos en demolición, técnicos en valoración y conductores, que reunieron a 1 mil 141 elementos.

Las brigadas de apoyo internacional viajaron con sus respectivos implementos de trabajo, como maquinaria pesada, herramientas, equipo para rescate, vehículos y 154 perros adiestrados para la localización de personas vivas.

Por parte del Gobierno Federal fueron otorgados y distribuidos 6 millones 700 mil litros de leche y chocolate envasado, 21 millones 600 mil litros de agua potable, 416.2 toneladas de abarrotes, 340.5 toneladas de productos cárnicos, 847.7 toneladas de frutas y verduras, 860 mil 200 raciones alimenticias, 5 mil 50 cobertores, 20 toneladas de hielo, 200 cascos de seguridad, 3.9 millones de refrescos y 600 cajas de hilo para sutura quirúrgica.

El número de muertos será ya para siempre un enigma.

30 de septiembre. *"En las buenas y en las malas, Tepito siempre estará unido"*

El pintor Felipe Ehrenberg se ve cansado y satisfecho, no en ese orden. Llegó a Tepito el sábado 21 en la mañana con ayuda, y allí se quedó, tramitando aportaciones, impulsando proyectos, coordinando un campamento, vigilando la relación entre vecinos y autoridades.

—Llegué con mis hijos a traer comida, pero ante tanta desorganización decidí que se necesitaban coordinadores, y me instalé ese mismo sábado. El domingo vino un diputado suplente a imponerse dando órdenes. Les informé a los vecinos, le preguntamos qué quería, no supo explicarse, lo corrimos. Desde entonces no me he movido de aquí. Y aquí uno cambia muchísimo, es fantástico. Te cuento mi experiencia. Me levanto a las seis de la mañana, y en nuestra cuadra, en la cerrada Díaz de León, todos barremos. Cuando pasan por el agua, se barre en otras cuadras. Con el ejemplo, todo es más eficaz y rápido.

¡Qué andar por entre ruinas y entre fosas! Tepito, muy devastado, es hoy objeto de la atención del gobierno y de grupos de particulares. Cuadrillas del Departamento Central remueven escombros y extraen basura, el PRI instaló un tanque de agua, la Conasupo envía camiones con agua purificada en bolsas selladas, la SEDUE manda técnicos, la delegación Cuauhtémoc envía funcionarios a preguntar si ya fueron otros funcionarios de la delegación Cuauhtémoc, grupos católicos y protestantes envían plásticos y víveres, el sindicato del INAH manda comidas, la UAM paga el alquiler de cinco contenedores. Y en las calles hay antropólogos, sociólogos, estudiantes que realizan encuestas. . . Todos con la voluntad de recabar los datos útiles y de anotar, para exégesis posterior, los lemas en manta y carteles: "Tepito no se rinde / Échele ganas mi buen / Las brigadas tepiteñas somos el brazo derecho de Dios".

—Hablé con el secretario del Presidente, y me citó para una reunión. Fui con otro compañero del Campamento, con Javier García "El Gato", y allí nos encontramos a diez o doce representantes de grupo. El Presidente nos concedió 48 minutos, oyó del trabajo intenso de las mujeres en las cuadrillas de demolición y de las necesidades urgentes, y prometió intervenir. Le dijimos que el sismo afectó el 40% de las viviendas de la zona, y que ante el problema de rentas congeladas en vecindades tan deterioradas, demandábamos la expropiación o el embargo, como las formas de proteger a los inquilinos. Luego alguien dijo que los tepiteños se autodefinen como "recicladores de todos los productos desechados por quienes tienen mayores ingresos", y que son artesanos y comerciantes defensores de su cultura. Y el delegado de la Cuauhtémoc, Fabre del Rivero, nomás atisbaba. Se fue el Presidente, un compañero habló y denunció unos hechos. Él lo interrumpió: "¿Tú de dónde eres?" El compa dijo: "De Veracruz". Y Fabre: "¿Y entonces por qué hablas a nombre de Tepito?" Yo le pregunté a Fabre: "¿Y tú de dónde eres?" Se desconcertó: "De Puebla". Concluí: "Ya ves: no se trata de eso". Nomás faltaba que un Señor Delegado ignore que Tepito es el primer lugar que buscan los de provincia; aquí inician sus contactos y trabajan en lo que pueden.

En unos días Ehrenberg se ha vuelto muy popular. Lo saludan las amas de casa, los fayuqueros, los policías, los trabajadores del DF, los teporochos, los comerciantes. Ehrenberg habla del grupo Tepito Arte Acá, enseña los murales de Daniel Manrique y comenta la labor de cronista de Alfonso Hernández. Él, por su parte, se propone abrir un taller de murales con el grupo Haltos Ornos (H$_2$O).

—Oiga Felipe, a ver si nos consiguen madera, porque ahora sí la casa se nos quiere caer.

—Ese Felipe, qué tatuaje tan chingón, luego dejas copiarlo.

—Oiga, don Felipe, ya no se tarde mucho, para que siquiera se coma un caldito de pollo. No puede andar nomás así, trabajando y arreglando asuntos todo el santo día de Dios, sin comer nada.

—Oye Felipe, ¿no sabes dónde está el abogado? Es que el dueño de la vecindad insiste en corrernos.

—Felipe, dígale a los de la prensa que nomás no nos sacan. Ahora vivimos entre cartones, pero en Tepito. Y no nos vamos, aunque nos prometan el cielo. Aquí nacimos, como nuestros abuelos y nuestros tatarabuelos. Dígaselos, Felipe. Dígales que contra este arraigo nunca se puede. Neta que somos peladitos, pero también somos pueblo.

Hoy el barrio reanudó su intensa vida económica, y Ehrenberg elogia la capacidad organizativa de Tepito, donde además de la Asociación de Inquilinos, hay 28 grupos de Comerciantes Establecidos, el Consejo Representativo del Barrio, el Centro de Estudios Tepiteños, y las cooperativas habitacionales. No está mal para una población de 350 mil habitantes, que vivían en 1 200 vecindades, de las que se derrumbaron cerca de 600.

2 a 11 de octubre. El rescate de Monchito

El 2 de octubre ya nadie cree en la existencia de sobrevivientes, pero el señor Mauricio Nafarrete anuncia: "¡Mi hijo, Luis Ramón Nafarrete Maldonado, vive! ¡Es un milagro de Dios! El corazón me lo dice. Sé que allí está. ¡Oímos ruidos!" De inmediato, se movilizan enormes recursos técnicos y humanos para salvar al niño Monchito y a su abuelo materno, en la vecindad de Venustiano Carranza 148. Día y noche excavan policías, soldados, marinos, voluntarios, miembros de la Cruz Roja, socorristas de Estados Unidos, Argelia y Francia. La prensa nacional y la internacional divulgan el caso y frente a la vecindad hay tumultos constantes, grupos de mujeres rezando, comisiones de voluntarios. Ante tal euforia, se acordona el lugar con 90 elementos de la "Fuerza de Trabajo", un grupo de policías entrenados en Miami contra motines.

El Presidente de la República externa su preocupación, acude Plácido Domingo y el embajador norteamericano John Gavin se presenta y le promete ayuda al padre de Monchito: bomberos y rescatistas de Miami. Se cavan tres túneles, y los topos avanzan dificultosamente, mientras 30 hombres trabajan sobre los cerros de concreto con taladros, picos, pala. La prensa divulga mañana y tarde el tiempo que lleva el niño sin probar alimento, sostenido sólo por el agua de una fuga. Cada media hora la policía le informa a la prensa. Monchito se comunica —dicen voceros extraoficiales— por golpes en las losas. Está bocarriba y mueve manos y pies. "El niño está vivo. Su corazón late dificultosamente, pero todavía late", declara el doctor Francisco Mercado, de los Servicios Médicos del DDF. Un socorrista confiesa: "Estamos trabajando por salvar a este niño, que sentimos como nuestro hijo. . . Yo no lo conozco, pero siento que lo quiero entrañablemente". El rescatista La Pulga afirma: "Quiero hacer una declaración pública para que lo sepa todo el mundo: esto es un desmadre. Todos quieren mandar a todos. No hay organización. Si muere Monchito será responsabilidad de los funcionarios..." Una ambulancia de la Secretaría de la Defensa espera con las puertas traseras abiertas para enfilar rumbo al Zócalo en donde hay un helicóptero listo para volar al Hospital Militar.

Un fotógrafo de *Unomásuno*, tres reporteros de Imevisión y uno de *El Sol de México* se esconden durante 42 horas entre las ruinas, sostenidos por tortas y refrescos. Allí ven el panorama opresivo: socorristas, voluntarios, militares, extracción de cascajo, intento de diálogo con Monchito a través de sondas, exigencias de silencio, demandas de orden. No hay rescate y "la gran fotografía no pudo ser tomada". Ante el riesgo del derrumbe, los voluntarios trabajan con las manos y unas cuantas herramientas. La lluvia provoca la suspensión de los trabajos. Se alejan reporteros y curiosos. Los comerciantes con almacenes en la manzana se quejan del robo de mercancía. Según el coordinador de la operación, ingeniero Adolfo Gómez Ibarra es imposible que el niño esté con vida, y el padre inventó la "absurda situación" con el propósito de recuperar una caja fuerte de acero, que contiene 25 millones de pesos. El señor Nafarrete se indigna: "Ese señor no es ingeniero ni funcionario. Es un agente de la Secretaría de Gobernación que se burla de nuestra tragedia y se mofa de nuestros sentimientos. ¿Acaso yo sería capaz de utilizar la tragedia de mi familia para salvar un dinero que no tengo, que de poseerlo me permitiría vivir en alguna zona residencial?"

El 9 de octubre se hallan los restos carbonizados del sexagenario Luis Maldonado Pérez, y al día siguiente se llega al cuarto. Sólo aparece una caja de caudales con 12 millones de pesos, reclamada por la familia del menor, y que resulta propiedad del dueño de "Telas El Perico", establecimiento que se derrumbó junto con la vecindad. El ingeniero Gómez Ibarra se enfurece: "Los trabajos fueron desde el principio un engaño. Todos querían ser los héroes del rescate. Cuando me opuse a la intervención de la maquinaria, me calificaron de *mercenario* y *asesino*. Yo lo afirmé desde el primer momento, sin pretender caer en ninguna profecía: jamás existió prueba alguna de que bajo los escombros hubiera vida. Jamás hubo aquí el famoso último sobreviviente. Tampoco encontramos el cuerpo de Monchito. Ahora sí, creo que todo fue una farsa".

Un día antes, el señor Nafarrete abandona la ciudad.

4 de octubre. Las dimensiones de la tragedia:
el Multifamiliar Juárez. (Testimonio de un activista sindical.)

—Como ese zangoloteo no he sentido nada en la vida. Botó todo, hasta libreros empotrados y reforzados en la pared. Lo primero en que pensé fue en mi padre, que vivía en un edificio cercano. Corrí a rescatarlo, y luego luego cuatro compañeros me ayudaron. Se juntó más gente, y decían: "A lo mejor ni se puede, se va a morir". Y yo gritaba: "¡Ya vamos, ya vamos. Aguanta!". Rascamos de un lado y de otro, porque el edificio se cayó como naipe, los techos se quedaron huecos, parecía un panal volteado... Como a las tres horas de rascar, salió mi padre, y luego sacamos más gente. A la una de la tarde, llegaron los soldados y nos acordonaron. Vinieron otros y se fueron. Al principio nomás trabajaron los vecinos; más tarde, gente del Hospital Infantil, de la Cruz Roja, scouts, jóvenes voluntarios. A los damnificados se les instaló en el Deportivo Hacienda.

El viernes 20 de septiembre llegó el vocal de Infonavit, con su propuesta: la carta de damnificado. Declárate damnificado, y tienes derecho a llevarte una mesa, una silla, una lámpara, y una parrilla; nomás te comprometes a no dañar los inmuebles. Nos hizo el favor de advertirnos: "Firmen y ya. Tendrán todo, y no acepto preguntas". Gracias a su actitud despótica empezamos a organizarnos. Como sólo nos conocíamos de vista y de gruñido, de "quiúbole" y "no tengo tiempo", al principio desconfiábamos unos de otros, pero había que entrarle a las asambleas, y nombrar el consejo de representantes. Sobre la marcha inauguramos nuestra democracia, con reglas sencillas: todo por el beneficio común y aquí nadie tiene hueso.

El problema fue convencer a la gente de irse a los albergues. Y ningún viejito aceptó lo del asilo... Ah, sí, una señora se fue al Mundet. Y eso que la situación de los viejitos es desesperada. El jubilado y el pensionado reciben mensualmente 34 800 pesos (por un aumento *reciente*). Eso da tristeza. Vi a maestras que perdieron su Medalla Altamirano y la buscaban entre los escombros como a la niña de sus ojos. Era toda su vida y toda su documentación y todo su orgullo. ¿Qué van a hacer? Les ofrecen un crédito blando, casas de dos a cuatro millones de pesos. ¿Y cómo lo pagan? Con veinte años de antigüedad una enfermera del Hospital 20 de Noviembre gana 34 mil pesos.

El Multi Juárez era un vestigio de las viejas conquistas sindicales, de cuando los sindicatos no mandaban a la gente a la periferia. Se pagaba 400 pesos con gas y agua. Ahora en las nuevas unidades el mantenimiento lo paga el propietario, y no es raro que funcionarios y líderes sindicales sean los dueños de las compañías de mantenimiento. Por eso, y por muchas razones, las primeras ofertas no nos convencieron. Venían rápido rápido delegados, subdelegados y diputados, asimilaban en un segundo el dolor humano, lo incorporaban a su acuerdo de la semana próxima y se iban. Y traían consigo sus respuestas instantáneas: "Mire, aquí se trata de soluciones individuales. Los viejitos tendrán hijos, tíos, primos, nietos, tienen que conocer a alguien que se haga cargo de ellos, no he conocido todavía persona sin pariente". Y en las respuestas a la oferta brotó todo, el amor o la bronca familiar: "A mi papá nunca lo dejo" o "Yo con mi familia ni muerto", o "Si yo quiero hacer mi vida aparte, no voy a cargar con mis papás toda la vida".

Cada uno por su lado, nadie hubiese rebasado las ofertas del poder. Pero estar juntos nos cambió el ánimo y la voluntad. Nos repetíamos: "Si son conquistas sindicales, no regalos", y por eso resistimos a los rumores: "Váyanse, se van a multiplicar las infecciones, otro temblor y no lo cuentan, van a dinamitar, los niños corren muchos riesgos". Pero fue tan extraordinaria la solidaridad en los primeros días que compensaba cualquier mal rato. Fíjate que el primer sábado hasta comimos truchas gratinadas con ensaladas diversas. ¡Truchas de vivero! Y sobraba comida. Luego ya los festines se fueron acabando.

Sé que en otros albergues la convivencia se ha deteriorado. Supongo que es inevitable. Nosotros jerarquizamos de inmediato. Colchones Selther, lo más calientito, para señoras y niñas. Y nos preocupó usar bien el tiempo libre. Quisimos estimular la creatividad de los niños. El ISSSTE mandó artistas. Se canta, se juega. Es un fenómeno esto de los albergues. Al nuestro, no acuden sólo damnificados, sino indígenas sin empleo, que aquí comen porque el desastre del Centro Médico los dejó sin modo de vida, y todos tienen muchos hijos. Un burócrata el otro día les pidió identificación. Le dije: "¿Y usted qué? No es su dinero, y sí hay damnificados en México son estos compañeros".

Es difícil aprender a razonar, estamos muy habituados a transar, a actuar sólo en lo individual. En las asambleas diarias comprobamos lo difícil de pensar colectivamente. Hace unos días alguien propuso que los que pudiésemos pagar las casas, que negociáramos. Le contesté: "¿Qué es lo más conveniente: abandonar a los viejos y a los que no tienen capacidad de defensa? ¿Qué no aprendimos nada del temblor y de la solidaridad?"

7 de octubre. Los que están y los que son: la Comisión
Nacional de Reconstrucción se instala

La República se hizo carne y habitó entre nosotros. Al alcance de
la mirada, el ya infrecuente paisaje de la Unidad Nacional, del país
que resplandece al encarnar en sus mejores hijos. En la explanada
interior del Museo de Antropología, cabe la casi prehispánica som-
brilla, discurren los elegidos por la República para hacerse cargo de
los símbolos (o viceversa). En el presídium, los altos poderes (y hie-
ratismo es unificación facial: la lealtad y la disciplina armonizan los
rasgos de los integrantes del Gabinete). En el sillerío, los goberna-
dores que hoy no asumirán la palabra, los subsecretarios de Estado, los senadores y diputados, los directores de empresas descentrali-
zadas, los notables y los aspirantes, las Grandes Promesas
Cumplidas y los ambiciosos en edad de ascenso irresistible. En fila,
los ex-regentes de la Ciudad, los merecedores de nuestra gratitud di-
lapidada: el doctor Gustavo Baz, don Ernesto P. Uruchurtu (una
leyenda que no se disipa gracias a la sonoridad de un apellido), don
Alfonso Corona del Rosal, don Octavio Sentíes, el profesor Carlos
Hank González (el otro centauro de la Revolución: mitad funcionario, mitad empresario). . .

Los notables: escritores, artistas, intelectuales. Los representantes de la oposición y de la imposición, las pruebas vivientes —me
susurra un dialéctico— de que entre nosotros las diferencias siguen
siendo cuantitativas y no cualitativas. O mejor: siguen siendo cualitativas y no cuantitativas. ¿Qué pasará el día que alguien, de veras,
cuente con y represente a la mayoría?

En esta reunión se instalará la Comisión Nacional de Reconstrucción, consecuencia del reciente descubrimiento de la sociedad civil
que asombró por igual al Estado y a los habitantes (sin voz ni voto)
del Distrito Federal. Destapa el chorro verbal a nombre del movimiento obrero organizado, Ángel Olivo Solís, presidente del Congreso del Trabajo. Milagro del contenido y el continente: en su breve discurso caben todos los elementos de la Tradición: a] El propósito
inquebrantable: embellecer el futuro de la Patria remodelando el pasado; b] El autoelogio como autocrítica: "El Congreso del Trabajo
promueve entre las bases la búsqueda de alternativas a los problemas nacionales, aportando esfuerzos y asumiendo su responsabilidad histórica ante la Nación"; c] La transformación del Pueblo en
candidato priista a la Presidencia: "Hemos presenciado la capacidad de movilización del pueblo, inspirado en la concordia y la soli-

daridad nacionales, como en los momentos decisivos de nuestra historia"; d] La resurrección de México sin necesidad de haberse muerto antes: "La Nación subsiste. El ser y quehacer de la República siguen vigentes"; e] La reedición de la fórmula Aquí-no-ha-pasado-nada-porque-lo-que-viene-es-mejor: "La Patria ha salido fortalecida, no sólo se ha ratificado la solidez de nuestras instituciones, sino la plena vigencia de nuestros valores, de nuestra cultura e identidad nacionales".

Tiene la palabra el representante del Consejo Coordinador Empresarial. Elogia al gobierno y a los sectores sociales, lleva agua a su molino de acumulaciones ("Se impone la aplicación estricta de las técnicas de administración para maximizar los resultados y minimizar los costos"), se pronuncia por "cambios estructurales en el periodo post-sísmico", pide la descentralización y la desconcentración capitalina y propone fastidiar a quienes (personas o empresas) deseen establecerse en el Valle de México, suprimiendo gradualmente los subsidios de la capital. La meta: que en una generación la ciudad de México no exceda de un crecimiento natural de menos del 1%. Mientras, se supone, los campesinos sin tierra se encercarán en el arraigo con tal de no defraudar a los desconcentradores.

El ingeniero Mario Hernández Posadas, líder de la Confederación Nacional Campesina, es inolvidable. Emplea las 70 bocinas de su voz en un fervorín más allá de la parodia. Lee como si conmoviera, hace pausas como si las necesitara, le alegra saber que vino a nombre de milpas y mantas de gratitud en los ejidos, y no de ideas o teorías. Es ilimitado como la vida: "La estructura orgánica de la CNC habrá de responder con seriedad". Nos insta a rehacer nuestro destino "sobre las ruinas de la ciudad y las tumbas de nuestros muertos". Y concluye sobrio como pancarta: la reconstrucción "tendrá buenos resultados porque habrá de coordinar nuestros esfuerzos el C. Presidente de la República, quien en horas aciagas para la nación ha dado muestras de su entereza y de su varonía, pero también de su emoción humana y de su limpia actuación ciudadana". Y emite su profecía desinteresada: ". . .para que en tiempo breve, más pronto que tarde, podamos decir al mundo, que bajo la conducción de Miguel de la Madrid, enfrentamos la adversidad, y la vencimos".

Al micrófono el ingeniero Fernando Favela, representante de la Unión Mexicana de Asociaciones de Ingenieros quien, de seguro con pruebas, nos sorprende: la historia de México está escrita por todos los mexicanos, nos conducen el espíritu sereno y la mano firme del Líder de la Nación y a los ingenieros les ha tocado "el privilegio de ser guardianes de dos de las manifestaciones del nacionalismo, el arte y la ciencia''.

El discurso más aplaudido: el del doctor Miguel León-Portilla, representante de El Colegio Nacional. Con más exactitud, la ovación de la mañana la recibe una frase en náhuatl (''Con su venia, Señor Presidente'') que el doctor Portilla dice y traduce: ''En tanto que dure el mundo, no acabará la gloria y la fama de México-Tenochtitlan''. El rector de la UNAM Jorge Carpizo le pide a la Comisión que explique para convencer, solicita libertades críticas y demanda retener la acción solidaria de la sociedad mexicana.

El gobernador del estado de México, licenciado Alfredo del Mazo es agresivo y contundente, y le imprime a su voz la energía que, desafortunadamente, aplasta, oprime, incinera y sepulta a sus palabras. Su discurso va del Informe a la Nación a la inseguridad retórica (''Nos conmovió la pena de ver nuestra ciudad capital herida...'') y el recuerdo certificado ante notario: ''Hace todavía muy poco, en tierra mexiquense, San Juanico nos mostró una realidad que supimos los mexicanos resolver: el liderazgo presidencial, la solidaridad nacional, las responsabilidades públicas y privadas atendieron con transparencia y oportunidad la grave emergencia''. Así dijo.

Según el licenciado Del Mazo, nada tienen que hacer en medio de sus palabras quienes ''recurren a la calumnia o a la exageración y dan cabida o propician historias o rumores que distorsionan la realidad''. Sus alabanzas son cálido manto sobre el pueblo digno y generoso, el sentido de la oportunidad, el diseño nacional, el justo marco de referencia (del diseño), los gobiernos de los estados, el apoyo al campo y, last but never least, el Presidente de la República: ''Ciudadano Presidente, los estados de la República nos sentimos contagiados de su emoción y vocación de servicio, nos sentimos comprometidos con su liderazgo sereno y firme. Su autoridad moral deviene de la práctica puntual de sus convicciones personales''.

Que nadie ose decir que el 19 de septiembre no es parteaguas en la conciencia oficial.

Al acto instalador de la Comisión Nacional de Reconstrucción lo clausura el discurso del presidente Miguel de la Madrid. Él asocia una y otra vez Estado y sociedad, y considera ya imposible renunciar, desde el 19 de septiembre, a la presencia del pueblo, que desea organizarse como sociedad civil. Y de pronto, el Presidente problematiza el discurso oficial: ''¿Cómo vamos a traducir los sufrimientos y las pérdidas en procesos activos que mejoren nuestra convivencia? ¿Cómo se articularán los esfuerzos de descentralización del

Estado con las tareas que llevará a cabo la sociedad? ¿Qué medidas concretas de ingreso público, de gasto del Estado, de tratamiento de la deuda pública interna y externa, de moneda y de crédito, de tratamientos fiscales, necesitamos ajustar o promover?" A sus preguntas no les sucede en este momento respuesta alguna.

Estado y sociedad civil, o Estado y pueblo. Los satisfechos porque no hubo revolución y nadie se aprovechó arteramente de la confusión en el DF, creen poseer la fórmula de la "normalización": fúndese por decreto la Secretaría de la Sociedad Civil, que coordine la participación en casos de emergencia. Todo arreglado. La Secretaría de la Sociedad Civil ahorrará muchos trámites de los Comités de Reconstrucción donde, es de preverse, el gobierno le dará la palabra a unos cuantos concentrándose después en la dirección, organización, promoción y toma minuciosa de cada una de las acciones, grandes y pequeñas que se estamparán sobre la realidad del memorándum.

Las últimas gotas: "Tranquilos o no hay agua"

El 19 de septiembre el terremoto da lugar a más de 1 500 fallas en las tuberías, secundaria y primaria. Quedan sin agua cerca de 6 millones de habitantes del Valle de México. Activados por la desesperación, los sedientos provocan más de 7 mil fugas en la red de agua potable, rompen y destruyen con tal de llenar una o dos cubetas. En Ciudad Neza se retiran las tapas de las atarjeas, y en las colonias la gente se inmoviliza frente a los camiones-pipas forzando a los choferes a descargar el agua. Algunos llegan a extraer el agua de lugares insospechados. En algunos lugares la situación se repite cada dos o tres cuadras: la mujer con el niño en la espalda y un balde en cada mano, las hileras de cubetas, botes, jarrones, los tinacos vigilados por familias enteras, las pequeñas multitudes que impiden el tránsito de vehículos en su búsqueda ansiosa.

Concluye el servicio de aprovisionamiento de los particulares o se encarece hasta el delirio. *El agua de lujo*. Un garrafón de agua purificada cuesta hasta 4 mil pesos. La carga de una pipa se valúa entre 20 y 30 mil pesos. Una cubeta o un bote donde caben 10 o 12 litros cuesta 200 pesos. El gobierno anuncia la solución inmediata, y envía suministros a las zonas más necesitadas (bolsas de polietileno, pipas, tanques inflables, camiones cisternas), pero la reparación demora y el aprovisionamiento es desigual. Se da el caso de que una pandilla se apodera de válvulas de paso y cobra 100 pesos por un balde de 10 litros. Hay enfrentamientos a golpes por el uso de un tanque almacenador.

Escenas representativas

1□—Fíjate, cómo sería la cosa que un diputado atajó a un pipero del Departamento Central, le pagó muy bien para que llenara sus cisternas y le ordenó tirar el resto. Un cuate se dio cuenta, movió a la gente y allí se pusieron frente a la pipa a que no pasara y ni manera de quitarlos. Vino la patrulla, arrestaron al pipero y el diputado se fue corriendo. (27 de septiembre.)

2□—Desde hace una hora, en la colonia se intensifica la lucha en torno al registro de agua. Unos mojan a los transeúntes y otros los regañan.

—No la tiren, no sean criminales. ¡La necesitamos para los niños, para guisar, para bañarlos! ¡Sean responsables!

—No hagan dramas, señoras, esta agua no sirve ni poniéndola a hervir media hora. Fíjense en el color ambarino.

—¿Y eso a mí qué? Llevo sin bañarme dos semanas. (2 de octubre.)

3□—En la cola, no hay lugar para el silencio.

—¡Pinche vieja abusiva! Fórmese como todos, ¿que es de la Alta o que?

—Tranquilos o no hay agua.

—Y usted, ¿por qué se lleva cuatro cubetas, si nos tocan de a dos?

—¿Y eso qué chingados le importa?

El encargado de la pipa intenta conciliar.

—Paciencia, señores. Estamos reparando una fuga. Mañana seguro tienen agua en su casa.

—¿Y quién te va a creer?

—Si no me creen a mí, créanle al señor Regente.

EDITORIAL III ■ LA SOCIEDAD CIVIL

Entre nosotros, es accidentada la trayectoria semántica de la expresión *sociedad civil*. Durante mucho tiempo, sólo significa la ficción que el Estado tolera, la inexistente o siempre insuficiente autonomía de los gobernados. Luego, reintroducida por teóricos gramscianos, la expresión se restringe al debate académico. Al PRI no le hace falta: tiene ya a *el pueblo* registrado a su nombre. Luego de una etapa de recelo, los empresarios y el Partido Acción Nacional adoptan alborozados a la sociedad civil en su versión de "sectores decentes que representan al país", y la Iglesia ve en ella a otro instrumento para promulgar sus "derechos educativos", la negación frenética de los derechos del Estado. A la izquierda política el término le parece, por su heterodoxia ideológica, sospechoso, creíble y sospechoso.

Pero el terremoto determina el auge del término. Y ya el 22 de septiembre su uso se generaliza, al principio sinónimo de sociedad, sin ningún acento en los aspectos organizativos. Y a principios de octubre, la práctica es dominante: *sociedad civil* es el esfuerzo comunitario de autogestión y solidaridad, el espacio independiente del gobierno, en rigor la zona del antagonismo. Y las objeciones teóricas, por fundadas que sean, resultan inoperantes, llegan tarde. Cada comunidad, si quiere serlo, construye sobre la marcha sus propias definiciones, así la academia marxista las condene.

Ante el éxito del término, sustentado en el rechazo de la impunidad gubernamental, los funcionarios se lanzan a la recuperación de la confianza. Lo primero es elogiar profusamente manteniendo distancias: "La sociedad —resume el subsecretario Manuel Camacho— se expresó con vigor y el Estado en ningún momento perdió la seguridad en sí mismo". Algunos optan porque el gobierno se quede solo: "Los socorristas y voluntarios causan gran confusión, ya no son necesarios", dice el 24 de septiembre el general Ramón Mota Sánchez, jefe de la policía.

El mismo Presidente de la República manifiesta actitudes encontradas el mismo día (30 de septiembre). A los voluntarios del CREA les dice: "El gobierno no pretende monopolizar ni controlar el gran dinamismo del pueblo, al gobierno le corresponde orientar, conducir, coordinar con base en las demandas de la población. El régimen no pretende estatizar ni controlar la vida de la Nación, se respetan las libertades y la espontaneidad social". A los empresarios el Presidente los tranquiliza: "Sé muy bien que en estos casos hay el peligro de la anarquía, incluso anarquía que proviene a veces de la generosidad espontánea, de la iniciativa espontánea de la sociedad. Al gobierno le corresponde evitar que ocurra esta anarquía ya que es el representante global de la sociedad".

Que jamás ocurra el pleito, que no se distancien las dos fuerzas de nuestro equilibrio. Los funcionarios adulan y recomponen. El director de Pemex Mario Ramón Beteta es fraterno: "La desgracia estrechó vínculos de la sociedad civil y el gobierno''. Y el presidente Miguel de la Madrid, a la pregunta de Regino Díaz Redondo: "¿Hay una sociedad civil enfrentada al gobierno o paralela a él?'', responde (*Excélsior*, 8 de diciembre de 1985):

Le confieso que no tengo una respuesta en cuanto al concepto de sociedad civil, porque como usted sabe surge con el contraste. ¿Qué es sociedad civil y sociedad militar o sociedad gubernamental, o cuántas sociedades somos? Hay quienes inclusive dicen, ¿por qué ahora le llaman sociedad civil a lo que antes se decía lisa y llanamente pueblo? Hasta un caricaturista dijo que el término "sociedad civil'' lo usó sabiendo que, como en otros tantos conceptos de la sociedad, de la economía y de la política, los términos a veces son ambivalentes y se entienden de distinta manera por gente diferente.

La mayor parte de los individuos entiende por sociedad civil la parte de la sociedad que no está cumpliendo labores gubernamentales. El gobierno es órgano del Estado y el Estado comprende a su población por definición. El Estado lo entiende como la organización política de una sociedad organizada. En consecuencia, no creo que se pueda hablar de un divorcio entre Estado y sociedad como muchos sociólogos o politólogos lo hacen.

La sucesión de catástrofes deja oír las voces populares, un acontecimiento inusitado. Estamos frente a colectividades cuyo repertorio magnífico de hablas y experiencias, se ha ido construyendo en los intersticios de la industria cultural, al margen de los poderes y, desdichadamente, al margen casi siempre de la lectura. Detrás de una sociedad inerte y convencional, ni tradicionalista ni moderna, se descubrió la dinámica de grupos y sectores, combinados desigualmente, la mayoría de ellos suspendidos en sus manifestaciones críticas y creativas por las censuras del autoritarismo.

Ante estas sociedades vislumbradas, se opone la visión habitual, hecha a la medida del gusto tradicional por la frustración y por la destrucción de los "sueños sociales''. Según algunos no hay tal emergencia comunitaria, se magnifica el altruismo inevitable en las catástrofes, y no se anticipa el desánimo. Al pasar "la moda'' de la solidaridad, impera el catastrofismo lánguido. *Out* las brigadas; *in* las murmuraciones y la sorna que corroe los idealismos tempraneros.

Sin duda, en el proceso de la ayuda hubo triunfalismo, pero breve y muy localizado. La precaria sociedad civil no quiso repartirse el Zócalo, sino atender albergues, calles, edificios en ruinas, huérfanos y heridos, necesidades alimentarias y de salud. No se dio un "asalto místico al Monte de la Solidaridad", ni se perturbó el rumbo del capitalismo, pero sí, por unas semanas, se negaron valores de la ideología del individualismo (omnímoda en tiempos "normales"). Esto es lo hermoso de las primeras jornadas: miles expusieron su vida por desconocidos, con hechos se expresaron necesidades democráticas.

Luego se emiten las melodías de la desesperanza: en el reflujo, se acrecientan desilusión y desencanto. Lo más importante ha acontecido, y una comunidad aprovechó al máximo la infrecuente oportunidad de existir de golpe, y verificó por unos días el alcance de sus poderes.

El debate se abre. ¿Qué es la sociedad civil, una parte del Estado, la zona de la autonomía ciudadana o el vocablo sociológico que, ante la falta de méritos curriculares del bienamado Pueblo, lo desplaza? Sobre la marcha se aclara la definición, al intensificar el terremoto las posiciones éticas. Por eso, los asesinatos en la Procuraduría se convierten en agresión política y moral a la ciudadanía. Antes, esto se hubiese enterrado en las páginas de policía, pero al ascender a la primera plana el respeto a la vida humana, lo policiaco revela su condición política. En 1981 los crímenes del río Tula (el grupo de colombianos torturados y asesinados por la Brigada Jaguar de la Policía Judicial para apoderarse del monto de sus robos bancarios), se extraviaron en la nota roja y sólo se examinaron en 1983. En las semanas del terremoto, las torturas y los asesinatos en una "sede de justicia" se vuelven de inmediato el debate que agota las confianzas mínimas en el aparato judicial.

La participación ciudadana, elemento indispensable del gobierno. A este esfuerzo la noción de *sociedad civil* le proporciona un centro unificador. Parte considerable del desastre urbano se debe a la patética desvinculación de grupos, sectores y clases, y a la falta de un idioma común, ajeno al muy atroz del consumismo y de la televisión comercial. El terremoto exige la rápida memorización de un vocabulario técnico (lo relativo al salvamento y a la construcción), y de un vocabulario teórico, al principio centrado en la expresión *sociedad civil*.

NOTICIERO IV ■ LAS REVELACIONES POLICIACAS

El domingo 22 de septiembre, en los escombros de la Procuraduría de Justicia del DF —informa el reportero Guillermo Valencia de *El*

Universal— se encuentra en la cajuela de un auto el cadáver del abogado penalista Saúl Ocampo, amordazado, vendado de los ojos, atado de pies y manos con cadenas metálicas. Al respecto, la versión de la Procuraduría es tenue: el cuerpo del abogado, desaparecido el 14 de septiembre, fue hallado el día 15 en su coche, estacionado en la Colonia Roma. Según el certificado de autopsia, divulgado por la procuradora Victoria Adato, el licenciado Ocampo murió por disparo de arma de fuego en el tórax. Según un experto del Servicio Médico Forense, el cadáver no presenta herida de bala, murió de asfixia y sus dedos estaban muy quemados.

De varios detenidos en la Procuraduría no se encuentran los cuerpos. (Versiones indemostrables en un sentido o en otro.) De las ruinas se rescatan el día 20 de septiembre los cadáveres de cuatro colombianos (Juan Antonio Hernández Valencia, Jaime Andrés y Julián Ruiz Quintero, y Héctor José Montoya Gómez) y dos mexicanos (Manuel Ramos y José Menchaca), aprehendidos quince días antes del terremoto, mantenidos en separos especiales, y —de acuerdo a los médicos forenses— torturados salvajemente. Dos de ellos por lo menos fallecen a resultas de las golpizas. El reportero Marco Antonio Vega de *El Universal*, atestigua que el cadáver de Johnny Hernández Valencia, de 17 años de edad, tiene "una herida penetrante de tórax causada por un objeto punzocortante". El cadáver presenta "maniobras de estrangulación", golpes numerosos y "surcos" en las muñecas y en los tobillos. A la madre de Johnny, Miriam Valencia, se le detiene mientras busca a su hijo.

La reacción oficial no es insólita. Según el director de la Policía Judicial del Distrito, Raúl Melgoza, la "banda de violadores" colombianos había sido puesta a disposición de la Procuraduría General de la República. La procuradora y el subprocurador René Paz Orta declaran: "No se tortura a nadie en la Procuraduría" y aseguran que el número de muertos allí encontrados "no llega a treinta" (según otros testimonios, también incomprobables, asciende a más de doscientos). La procuradora añade: "Es absurdo pensar en torturas, puesto que ya habían confesado". Y policías sádicos sólo en el cine "negro", uno supone. Días después, la policía presenta, acusados de narcotráfico, a los colombianos José Eduardo del Prado Sánchez, Miriam Valencia y Miguel Jiménez y la israelí Clarisa Kaitz, que denuncian golpizas, inmersiones en el agua hasta asfixiarlos, choques eléctricos en los genitales, aplicación minuciosa en el cuerpo de cigarrillos encendidos. Según Miriam Valencia, su hijo y Montoya Gómez salieron con vida del terremoto, y fueron asesinados por agentes judiciales. (A ella se le deporta posteriormente.)

La embajada de Colombia en México protesta oficialmente y al mes, la procuradora admite que en la Procuraduría se violan los derechos humanos. Sin embargo, todavía se insiste: "Ninguno de los detenidos en los separos de la Procuraduría de Justicia del Distrito Federal pereció en el derrumbe del edificio durante el terremoto" (*Excélsior*, 26 de octubre). En defensa de la buena fama de la justicia mexicana, la diputación priista se-desgarra-el-alma, y se recita en la tribuna: "Por sobre las garantías constitucionales están los derechos de la familia". Si los delincuentes eran violadores, que paguen con tortura su pecado.

Del arrepentimiento

—Atrapados los pies por gruesas columnas de concreto de lo que fueron las oficinas de la Procuraduría de Justicia del Distrito Federal, un agente judicial miraba al cielo e imploraba a los rescatistas que acudieran en su auxilio. Que por favor lo sacaran de ahí. "Ayúdenme, ayúdenme, no vuelvo a ser un cabrón; juro que seré un buen hombre." Un ruido hizo correr al grupo improvisado de rescatistas . . . No se escucharon más los gritos (Zollo C., brigadista. En *Esto pasó en México*, Editorial Extemporáneos).

2 de octubre. La conversación con el Presidente

—Hoy sábado en la mañana marchamos hacia Los Pinos unas cinco mil personas, los niños al frente con pancartas: "Señor Presidente: mi abuelito y mi mamá se murieron y no tengo dinero"/"México quiero seguir creyendo en ti". Nos detuvieron ocho veces. A los del edificio Carranza les llegó la tentación: "Les damos 200 millones por el edificio. Corran que los espera el licenciado Pacheco, apúrense porque esta oferta no volverá a pasar". Y no corrieron. Los del Nuevo León llevaban la vieja manta, la anterior al temblor. Había mujeres enlutadas. Se atravesaron dos patrullas. Una señora les dijo: "Solución o huelga de hambre".

A Los Pinos entramos veinte personas. Nos recibieron el subsecretario de SEDUE, Gabino Fraga, y el secretario del Presidente, Emilio Gamboa. Pedimos ver a don Miguel. "Está muy ocupado." Una compañera se molestó: "Desde que andamos en esto, sólo hemos visto a tipos que prometen informar con puntualidad al superior. Nuestros problemas son gravísimos: muertos, desaparecidos, falta de hogar y ni siquiera tenemos un censo de cadáveres. Ya sé que no somos Plácido Domingo, pero pedimos por lo menos cinco minutos de respeto y que el Presidente nos vea un instante''. El secretario intervino: ''La nación está consternada, hay que considerar, hemos sido tolerantes''.

Sin subir la voz, la compañera le replicó: ''Más tolerante que la gente en los campamentos nadie, con neumonía, con falta de comida, en la angustia. Esto no puede ser. El gobierno elude su responsabilidad. No queremos andar año tras año acarreando pliegos petitorios. Somos 21 mil desalojados''. Poco después, llegó el Presidente, y se le entregó el pliego con nuestra exigencia de peritajes, rehabilitación de viviendas, indemnización y procesos judiciales a los responsables del abandono del Nuevo León. El Presidente informó de peritajes profundos, rechazó la intervención de peritos extranjeros y oyó de problemas particulares. Estuvimos cerca de una hora.

14 de octubre. La elegancia como ideología
(El empresario se explica levemente en un paréntesis
del Comité de Reconstrucción)

El lazo de la corbata, perfecto. Los movimientos de las manos, pulidos y decantados por generaciones. La elegancia, ideología que impresiona a los de abajo y satisface a los (escasísimos) de al lado. La mirada, una lección de astucia: nunca se ausenta, jamás se interesa en demasía. La expresión facial, a medio camino entre la rigidez y la naturalidad. El método polémico, la desaprobación gestual: un encogerse de hombros: ¡qué tontería!/ un trazo enérgico en el papel: ¿para esto me trajeron?/ un vuelo contenido de la mano: ¡eso ya lo sabían los sumerios, por favor!

Al lado de los argumentos que emanan de la mera presencia, los puntos de vista parecen trillados. Sí, ante la intervención grosera del Estado, la deuda pública es asunto menor. Los graves errores en materia de administración pública, que culminan en las expropiaciones de la Banca, y de los predios urbanos, generan la desconfianza que padecemos, objetivada en el alza del dólar.

Se ha roto la armonía, y él ha vivido para la armonía. Nuestro problema no es económico, sino psicológico, no hay paz social si la gente llega a su casa temerosa, ignorando si en su ausencia la robaron, la expropiaron, la invadieron los pobres. Sí, los empresarios creen en México, pero México ya debe corresponderle a la roca firme, el sostén del desarrollo personal: la iniciativa privada.

16 de octubre. *"Es muy peligroso levantar la mano"*

Algarabía, monotonía y suspense en el Museo Carrillo Gil, en la subasta en pro de damnificados que convoca la Secretaría de Educación Pública, previa generosa entrega de obras de artistas famosos, conocidos y en edad de promoción. A lo largo del día, el dinero ha fluido, reinstalando las esperanzas en el mercado interno de la pintura, revaluando artistas a los que se creía justa o injustamente desplazados, apoyando nuevos valores, alegrando a los dueños de galerías. La solidaridad apaga las discolerías, y aunque los compradores prefieren adquirir por interpósita persona, podrían no hacerlo: hoy todo el dinero que se exhibe se considera bienhabido.

Los precios son las estimaciones estéticas, son los prestigios inmanentes, son las etapas simultáneas del gusto, el conocimiento y la reiteración de los nombres. La calidad promedio de las obras es decorosa, y representen o no los cuadros subastados lo mejor de las obras de quienes los obsequiaron, se reafirma el alto nivel de los —digamos— consagrados en vida: Tamayo, Gunther Gerzso, Cuevas, Toledo, Vicente Rojo, Luis García Guerrero, Felguérez, Leonora Carrington. . . y el talento de muchos de los jóvenes que, luego de fatigosas polémicas por ellos ya no padecidas, algo saben: no hay más ruta que la múltiple.

Los minutos de tensión, de apremio, de sofocación. El habilísimo subastador declara el precio de salida por el cuadro de Tamayo, *Mujer desnuda*: quince millones de pesos. Aunque ya se sabía, el rumor incrédulo devasta la atestada sala del Museo. *¡15 millones de pesos!* (No traduzcan la cifra a dólares, déjenla reposar unos segundos en su antigua grandeza). *¡16 millones!* La voz que surge de un micrófono señala la presencia de otro grupo en el primer piso, que compite y adquiere mientras ve la escena en un monitor. 16 100. . . 16 300. . . 16 500. . . La emoción es real y se desprende de la nobleza de la subasta, del vuelo del dinero ajeno, de las reacciones vinculadas al juego y a la pérdida o la adquisición de fortunas. ¿Quién tendrá tanto dinero? ¿Por qué tanto dinero no le parece *tanto dinero* a quien lo tiene? ¿Por qué la riqueza fascina y divierte? Un joven con aspecto de intermediario (o de burgués disfrazado de oficinista) hace sus ofertas consultando un punto indistinguible, y alza la mano con timidez: *17*.

El subastador ríe, él ya se acostumbró a manejar las sesiones fijándose en las manos, nunca en los rostros, palpando el clima emocional a través de la decisión y la multiplicación de las manos, entendiéndose con el público a través de un *timing* muy preciso, que previa consulta instantánea de las manos permite la resolución veloz, e impide el cansancio. *17 100*, se oye en el micrófono. 17 300. . . 17 500. . . 17 800. . . Las risas nerviosas delatan y el Museo Carrillo Gil entero, sus pasillos que hierven con el zumbido de los culturati, y sus salones iluminados por el arte, se somete al trance hitchcockiano de intuir al vencedor, de soñar sus residencias, de suponer tras su chequera una tragedia. No habrá desenlace dramático, pero ya hay, desde este segundo, un final feliz contenido en los murmullos, en el triunfo comunitario ante el éxito de una sola persona.

18. . . La sonrisa del joven que levanta la mano es despreocupada y para mí, sospechosa. De ser suyo el dinero, ¿manifestaría tal serenidad? (O la pregunta es: de disponer uno de tal suma para compras filantrópicas, ¿se pondría nervioso?) La voz de las profundidades emerge: 18 300. . . 18 500. Los compradores y los espectadores ya son masa rugiente, que festeja no el duelo de dos titanes del cheque, sino las cifras. Es la hora de la exaltación del capital, así en abstracto, sin empresas que lo justifiquen ni adquisiciones que lo legitimen.

19. . . Un divertido, disciplinado pandemónium. Arriba, todos imaginan la identidad del multimillonario de abajo. El subastador no deja de sonreír, la oferta es excelente y la demanda es óptima. Un cuadro de Tamayo en el centro de un enfrentamiento de chequeras. 19 200. . . 19 500. . . 19 700. . . En unos segundos, el dato escueto, la apoteosis del deseo adquisitivo, la cantidad que marca un salto del mercado interno del arte mexicano, o más humildemente, que exhibe la complejidad del mercado en época de crisis. Sonríe el licenciado Pesqueira, secretario de Agricultura, arrellanado en el ámbito a su disposición, y se seca el sudor la coleccionista Lola Olmedo (que al día siguiente comprará un cuadro de Siqueiros, el retrato de Moisés Sáenz, y lo regalará a la Nación). Se aguarda y se cultiva la incredulidad. *20*, dice el joven y levanta la mano. *20 millones de pesos!!!* Un velo se rasga, una estatua se devela, la mayoría de edad del comprador autóctono.

20 100. La voz del Averno. El nativo se rinde, gana la voz sin rostro, y cinco minutos después avanza hacia la mesa de la subasta la pareja de Palm Springs que obtuvo el Tamayo. Pero ni las joyas de ella, ni el aspecto taciturno de él, modifican la impresión: al amparo de la generosidad, no hay espectáculo más regocijante a corto plazo, y más deprimente diez minutos después, que el de las fortunas ajenas.

Al mes del temblor. El empresario y el populismo

—¿De qué sociedad civil hablan? Por más de medio siglo, nosotros los empresarios hemos sido toda la sociedad disponible, civil o como quieran llamarlo, hemos sabido cómo tratar con el Estado, de igual a igual o con el respeto debido al proveedor, le admitimos exención de impuestos y le rechazamos el pulque, la barbacoa y las recomendaciones para el ISSSTE. Ante el mundo libre, o sea ante nuestros acreedores, los empresarios somos la prueba última: aquí todavía es posible el pluralismo democrático, México aún no es totalitario. Si nos agreden, queda abierto el camino hacia La Habana. Sabemos cómo opera la pérdida de libertades y por eso, por principio, no por ver lastimados nuestros intereses, impugnamos la expropiación de predios y edificios del 11 de octubre. ¿Dónde quedó el respeto a la Constitución? ¿Por qué le llama *expropiación* al robo? Con razón mi hijo me decía ayer: "¿Y para esto te sacrificaste juntándole dinero a las viudas de los pobrecitos?"

Insisto. No protegemos intereses personales. ¿Quién podría acusar al empresario mexicano de pequeñez de alma? Al proteger la propiedad privada defendemos la raíz del desarrollo espiritual, de la Persona, del capitalismo social. La propiedad privada arraiga al hombre en el gran esquema del Universo, lo distingue de las fieras y de los primitivos, le da plena conciencia de su humanidad. Poseo luego existo. Por eso lo advertimos a los ciudadanos decentes: "Nomás acepten pasivamente que el gobierno se quede así nomás con lo que es legítimamente suyo, fruto del esfuerzo de generaciones o de la iniciativa de ustedes, y se quedarán cuidando nomás sus recuerdos". Que no ocurra lo fatal, no caigamos de nuevo en el lodazal del populismo, olvidándonos de que en México el verdadero interés social está ligado al desarrollo de la empresa. Y además, ¡qué falta de imaginación del gobierno!: cerca de Toluca o de Querétaro hay muchos terrenos donde cabrían sin problemas miles de damnificados. Se evitan una monstruosidad, descongestionan la capital y no inducen a la pérdida de la confianza.

La repetición que tranquiliza

El locutor le pregunta por tercera vez al contralor general del Departamento Central: "Entonces, ¿a nadie le van a quitar su casa?". *No, a nadie.* "Entonces, ¿no corren peligro los propietarios de casas registradas como terrenos, de casas particulares, talleres, comercios, imprentas, lavanderías?" *No, no corren.* "Perdone que insista para aclarar. ¿A nadie le van a quitar su casa?" *A nadie.* La repetición es mecánica y desesperada, opone el énfasis neutral a los rumores, al miedo de perder la casa en Bosques de las Lomas, al soviet en 1985, el bolchevismo priista. Díganlo de nuevo, reitérenlo: *A nadie le quitaremos su casa.*

La filantropía sin más

Julio Iglesias —corbata azul, traje oscuro— canta "Ella", cierra dulcemente los ojos, le regala a la canción de José Alfredo un paisaje de bodas de plata, se mece como herido por un rayo de fotonovela, y sufre bonitamente con el mariachi. Los afortunados lo aplauden. Pagaron cien mil pesos por cabeza con tal de solidarizarse con la solidaridad de Julio, la actuación especial "Para México, con amor". Julio termina y musita con el susurro que es conquista libidinal: "Gracias México". De smoking, Raúl Velasco explica el amor entre los pueblos. A Julio le importa tanto este gesto de Julio que, para su difusión ha traído consigo reporteros y fotógrafos de las publicaciones hispánicas más importantes, entre ellas y por supuesto *Hola.* La prensa del corazón con el corazón en la mano. Que filmen al mismo tiempo a tu mano izquierda y a tu mano derecha. A Gustavo Petricioli, director de Nafinsa, Julio Iglesias le entrega ("simbólicamente", asegura Velasco) 30 millones de pesos para el Fondo de Reconstrucción. Don Gustavo los recibe: "Gracias, don Julio, por darnos a través de su voz, su mano de amigo. Gracias a Televisa. . . El gobierno se compromete a utilizar en forma transparente, en forma honesta, el esfuerzo de todos ustedes". *La transparencia*: el tributo del Estado a la desconfianza.

La prensa hispana registra cada instante del acto desinteresado.

EDITORIAL IV ■ LOS MEDIOS MASIVOS

En el programa *Hoy mismo*, de Televisa, la locutora Lourdes Guerrero inicia un monólogo que muchos recordarán.

—Está temblando, está temblando un poquitito. No se asusten, vamos a quedarnos. . . Les doy la hora. . . Siete de la mañana. . . ¡Ah, chihuahua! Siete de la mañana 19 minutos 42 segundos, tiempo del centro de México. . . Sigue temblando un poquitito, pero vamos a tomarlo con gran tranquilidad. . . Vamos a esperar un segundo para poder hablar. . .

El 19 de septiembre el papel de los medios electrónicos es definitivo. Con la ciudad incomunicada interna y externamente, los medios (en especial, la radio, ya que Televisa queda fuera del aire la mañana del 19 de septiembre), proporcionan fragmentos de información muy necesarios, sustituyen a la red tradicional de seguridad y confianza, atenúan el pánico, tranquilizan a cientos de miles de personas y son inapreciables voces comunitarias. En la televisión la reacción es —en medio de la confusión extrema— útil y sermonera. Al cabo de diez o doce horas, el hábito se impone. Se minimiza con entusiasmo el desastre, se miente, se adula a los funcionarios, se protegen los intereses específicos: Imevisión desea probar que el temblor se produjo con tal de realzar la eficacia gubernamental, y Televisa enumera seguridades para el Mundial de Futbol: "Nada pasa. Los estadios, incólumes. La afición, idolátrica. Las camisetas, a la venta".

No sólo el interés económico interviene en este esfuerzo mitómano. La industria del espectáculo depende en mucho de certidumbres psicológicas inamovibles: ésta es la familia, así piensa, así actúa, así se deja influir por la publicidad, así consume. Ante el fenómeno de la solidaridad que se organiza, no hay respuestas, los encargados de la televisión no conciben una sociedad que actúa por cuenta propia. Más vale insistir en lo "humano" de la noticia: "¿Qué sintió usted cuando vio a la viga aplastar a su marido?"/ "Señor, usted lleva aquí atrapado 122 horas, ¿qué mensaje quiere enviarle al pueblo de México?" La noticia no tiene ángulos sociales, sólo "humanos". A Televisa e Imevisión les apasiona la conversión del terremoto en melodrama (paisaje conocido), y los locutores rebajan los acontecimientos con sonrisitas y frases, y acaparan el sentimentalismo, entre adjetivaciones lacrimosas y anécdotas tremendistas.

La prensa sí cubre por un tiempo funciones indispensables. De hecho los primeros días los reporteros son también voluntarios, y a su tarea habitual incorporan el desempeño cívico. Entre sus lectores hay miedo o, si se quiere, paranoia, pero el ánimo público es racional, y no obstante el amarillismo empeñado en el lado apocalíptico ("¡SIGUE TEMBLANDO!") o telenovelero ("¡AÚN RESPIRA!"), la prensa advierte lo sustancial, y le asegura a los movimientos de damnificados una repercusión inesperada. Con detalle, se nos entera de la lucha de los habitantes de Tlatelolco, del proceso organizativo de los vecinos de la Morelos, Tepito y la Guerrero, del forcejeo con los dueños de las fábricas de vestidos, de la formación de grupos alternativos, de la resistencia de médicos y enfermeros del Hospital

General, de los damnificados novedosos que ya no exigen pasivamente sus derechos. Sin la prensa, estos movimientos no se habrían vinculado internamente con la rapidez precisada, y no habría persistido, hasta donde fue posible, el apoyo externo.

Ejemplos doblemente memorables

"Todo está igual. Edificios más o edificios menos, pero ustedes no tienen por qué sentirse distintos. El locutor untuoso sale a cuadro y nos invita a acompañarlo a un recorrido por la ciudad eterna. Fíjense, el Ángel de la Independencia se cayó en 1957, eso sí, pero ahora ni quien rinda su estoicismo. Admiren la estolidez del Castillo de Chapultepec, templo mayor del turismo imperial. Ni cuarteaduras tiene. . ." El comunicador Raúl Velasco se ve algo preocupado. (El mensaje de optimismo rebajado por la obligación de pronunciar un mensaje optimista.) No exageremos, dice, no fue para tanto, yo me alarmé mucho en España cuando lo supe, pero con todo respeto, los europeos son muy exagerados. Nomás llegué aquí y suspiré aliviado: mi familia estaba muy bien, y en condiciones muy aceptables la cocinera, el jardinero, el mayordomo, las mucamas. ¡Qué país tan maravilloso que ni siquiera la servidumbre se colapsó!. . . El locutor compone debidamente el rostro para hipnotizar a las amas de casa, y señala en el mapa de la ciudad la porción afectada. "¿Ya ven? Es un pedacito." Lástima que él no haya conseguido un mapa del cosmos. ¿Qué son, ya para exagerar, 4 mil edificios y 20 mil muertos en relación a las galaxias? (22 de septiembre).

El reportero televisivo se desespera. La oportunidad de la vida del entrevistado y sólo se le ocurre pedir agua. Allí abajo atrapado, desde hace cuatro días, durante horas interminables que debió emplear en pulir sus frases para cuando llegase el momento supremo ante la cámara, el micrófono, el país, la red internacional. . . Y sólo pide agua. ¡Qué anticlimático! Era el chance único de un mensaje de amor y paz, un saludo cariñoso a la familia, un apoyo a la fe, la que fuera, menos el estorbo de las necesidades de un ser humano. ¿No le bastaba la garantía de un micrófono? Por fortuna, medita el reportero, no es muy común tal falta de colaboración, se ha convencido a muchos de los participantes en el rescate para que no miren a las cámaras sino a la víctima que dejará de serlo en breve. *Así, así, con ternura, con alegría, recuérdenlo, su imagen está siendo trasladada a millones de hogares. Eso, no miren a la cámara, Bien, muy bien.* (25 de septiembre).

—Pagábamos 600 pesos de renta, por el rinconcito. El dueño, luego del terremoto, vino y nos propuso: "Compren el terreno", pero ustedes comprenderán que si pagábamos esa renta, es porque apenas nos alcanzaba para pagar esa renta. ¿Sí me expliqué? ¿De dónde iban a venir los tres millones? Bueno, no tuvimos desgracias pero nos quedamos sin casa y nos fuimos al albergue Leandro Valle. Allí nos trataron bien y la cocinera nos invitaba a ayudarla preparando comida. Nos reubicaron luego, y hoy nos dijeron: "Se van a Jalpa, la casa les va a salir en un millón 700 mil pesos, y deben dar de enganche 50 mil pesos, y el resto en mensualidades de 20 mil primero y de 15 mil después". Muchas gracias, ¿pero de dónde? Total que fuimos a ver la famosa Jalpa y allí están las casas, digo si son casas las paredes sin los techos. ¿Dónde vamos a vivir? En el albergue ya faltan víveres, no hay lo indispensable, necesitamos vale para sacar un jabón. ¿Dónde está la ayuda? No queremos regalos, sólo vivienda digna para nuestros hijos. Si nos mandan lejos, ¿en qué van a trabajar nuestros esposos? ¿Los quieren de rateros? Somos pobres e ignorantes, pero dignos. No pedimos pan. Nosotros los mexicanos aunque sea un sope, pero lo tenemos: Queremos una vivienda. No tenemos Infonavit ni Fovissste, porque nuestros maridos no pertenecían a sindicato alguno. Y todo empeora. Del albergue ya nos quitaron a los doctores. A donde nos mandan no hay escuelas. Nosotras todavía tenemos energía, pero en el albergue ya están corriendo a una señorita anciana y enferma. ¿A dónde va a ir, a morir en la calle como un animal?

EXPEDIENTE III ▪ "COSTURERAS AL PODER/ LOS PATRONES A COSER"

21 de septiembre. La vigilia

Ellas ignorarán siempre de dónde surgió la destreza que les permitió moverse con suprema agilidad entre los vaivenes, descender del tercer o el cuarto piso del edificio usando telas amarradas, prefiriendo caerse y matarse antes que otro segundo en el infierno. Ellas recuerdan: el edificio estaba —digamos— hecho un arco, se derrumbaban los muros, las escaleras despedazadas, el polvo lo nublaba todo, las máquinas y los trozos de concreto parecían volar, y había que salir de allí como fuese. Al reportero, la joven llorosa le cuenta: "Yo estaba en el taller de costura y me iba a arrodillar junto a mis compañeras ante el altar de la Virgen de Guadalupe, cuando decidí meterme abajo de una máquina. Eso me salvó. Salí por un huequito. Las demás murieron rezando. Dios se los tendrá en cuenta''.

Ahora, en la calle de San Antonio Abad, las sobrevivientes se escuchan a sí mismas decir: ''Rompí los vidrios con las manos, la angustia me empujaba'', observan a periodistas, voluntarios y curiosos, que memorizan los edificios triturados, conversan erráticamente con los parientes (los deudos), y ante la escasa movilización oficial comprueban que también en el desastre hay jerarquías. Las costureras insisten: los patrones sólo quieren retirar las máquinas y llevarse cajas fuertes y mercancías; les tiene sin cuidado la vida de nuestras compañeras y la extracción de sus cuerpos.

Pronto, la prensa localiza el tema de ''interés humano'': la cruel explotación de estas mujeres. Abundan reportajes, entrevistas, artículos. Las costureras, epifoco moral del sismo. Hasta el 18 de septiembre de 1985, algo se sabía de su situación, desde luego, pero a nadie parecía afectarle el drama de los seres que se consumían uncidos a la rutina implacable (coser, cortar, estampar), mientras los industriales viajaban por el Mediterráneo y los hijos de los industriales adoraban ese sobresueldo estético de los penthouse de La Jolla o Houston, las puestas de sol. Pero con el sufrimiento ajeno se vive, y la información sobre las costureras se aletargaba —denuncia previsible— mientras los patrones se *coludían* (verbo lejano) con los líderes charros, los funcionarios de la Secretaría del Trabajo, los jueces.

¿Qué se le va a hacer? Las costureras eran ''esclavas tradicionales'', y su humillación resultaba ''algo imposible de modificar, un mal del siglo''. Pero al sacar a flote el sismo su existencia sin derechos, algo ocurre. La prensa sin mayores distingos ideológicos, hace suya la causa de estas mujeres, en una muy infrecuente cruzada moral. A diario y por cerca de dos meses, se les entrevista, y pronto la opinión pública tiene la información más detallada posible: no se les concede el salario mínimo, trabajan nueve o diez horas diarias, no tienen derechos de antigüedad, no las protege sindicato alguno, apenas unas cuantas utilizan el Seguro Social, padecen —bajo un trato insolente— jornadas de casi todo un día sin dormir, se les sanciona si checan tarjeta con tres minutos de retraso, no hay vacaciones porque al patrón le urge entregar trabajo, se les dan diez minutos de descanso al día, el pago por el tiempo extra es simbólico, se les descuentan los días que no acuden por enfermedad, se les despoja de sus mínimas compensaciones (por ejemplo, con tal de no pagarles el aguinaldo, el patrón las despide a principios de diciembre y las recontrata a principios de enero).

En su reportaje exhaustivo (*La Jornada*, 7 de noviembre), Sara Lovera proporciona datos contundentes:

□ 700 mil trabajadoras de la confección en el país.

□ 40 mil costureras sin empleo debido al sismo.

□ 50 por ciento de la producción en talleres clandestinos.

□ 51.33 por ciento de trabajadoras con contratos semanales.

□ 18.66 por ciento de trabajadoras de planta.

□ 73.33 por ciento de trabajadoras que no saben lo que es ni para qué sirve un sindicato.

□ 89.35 por ciento de trabajadoras convencidas de que el líder sindical es nombrado por la empresa.

De la pasividad de las trabajadoras hay explicaciones. Según el sociólogo Moisés Guzmán el miedo a perder el empleo las ha llevado a soportar abusos económicos e incluso de tipo sexual. Para los patrones, el tipo ideal de costurera es soltera, entre diecinueve y veinticinco años de edad, sin hijos (los ocultan), cuarto año de primaria promedio, indiferencia por la política o el sindicalismo, carencia de aspiraciones.

El apoyo de la prensa activa la lucha y enmarca la desesperación. Al principio, entre discusiones con los soldados, los familiares remueven "a mano pelada" los escombros. El escándalo presiona un tanto tardíamente sobre las autoridades y el 7 de octubre se inicia el rescate de cuerpos. Frente a las ruinas, las costureras protestan: "¿Será porque somos de escasos recursos y faltas de cultura, por lo que nos tienen olvidadas, o porque se trata solamente de muertos?. . . Son seres humanos, como usted y yo, las mujeres allí sepultadas, tienen hijos, madre, padre, que lloran por volverlas a ver, aunque sea un momento".

3 de octubre. Un testimonio

—El taller en que trabajaba era clandestino y hasta ahora lo supe. Ninguna de nosotras —costureras, terminadoras, overlistas— sabía el nombre del dueño o la razón social del taller. Laborábamos de 8 de la mañana a 6 de la tarde de lunes a sábado, y ganábamos 5 mil o 7 mil pesos a la semana, y si nos iba muy bien 8 mil. A las nuevas y a las viejas nos separaban y entre nosotras apenas nos conocíamos.

Creo que el terremoto nos enseñó nuestra verdadera cara, la de nosotras, la de nuestras madres y abuelas, y la de las autoridades que, la verdad, se hacían los tontos. Y sí que hemos cambiado. Se nos acabó un hogar, pero un hogar al que no volveríamos. Ya no creo en nada de esto, de portarme bien para que me exploten. Pero sí creo en que unidas haremos algo. Antes, los problemas de cada quien eran de cada quien. Y por eso nos iba tan mal. Ahora estamos preparadas para todo. No nos van a pisotear y si quieren hacerlo no será tan fácil. El que venga no se enfrentará a las costureras solas, sino al pueblo.

Murieron muchas, muchas. Pero no se han ido, se lo juro, están vivas en nosotras. Ahí los ve, arrastrando como basura todo junto, cascajos y muertos, pero la basura son ellos, nomás que no se han dado cuenta. En cambio, nosotras sabemos lo que somos. Somos jodidos y como jodidos vamos a responder. A lo mejor esta palabra suena muy vulgar o que no debe ser en una mujer, pero es lo que somos, *jodidos*.

Sí, al principio todavía estaban vivas muchas compañeras, pero nadie las auxilió y se murieron. Los soldados sólo acordonaron, por eso no nos llegaba ayuda de nadie. Y el trabajo del gobierno empezó dos semanas después. *¡Dos semanas después!*. . . En el cambio que sufrimos hay como escalones. Si no los hubiera, ¿qué haríamos aquí? Perdimos amigos, familiares y el trabajo. Nosotras llorábamos mientras los patrones sacaban sus cajas fuertes, sus máquinas, sus mercancías. Y se nos quitó la gana de llorar. En los primeros días, una señora nos gritó: "¿A qué se quedan? Váyanse a vender quesadillas". Ése no es el problema. El problema es que todas las que murieron, la mayoría madres solteras, nos heredaron sus hijos. No podemos estar haciendo quesadillas mientras a ellas no se les hace justicia.

7 de octubre. Martín, obrero de Dimension Weld de México (edificio derruido en San Antonio Abad 164)

Su testimonio es y quiere ser preciso, es y quiere ser reiterativo. Trabaja en una fábrica de maquila, aplicaciones de plástico y anexas, en donde por fortuna no hubo daños personales. Su lucha, y la de quienes ahora lo rodean ansiosa y silenciosamente, es evitar que el patrón se lleve esas 30 máquinas eléctricas de manufactura japonesa, que son la garantía del pago de salarios, de indemnizaciones. Martín insiste: al patrón no se le puede creer, porque las únicas promesas que cumple son las amenazas. Se jala las máquinas, y ojos que te vieron ir. Fíjese, murmura con apasionamiento, a él le vale madre la gente, lo que le importa es la mercancía, como a los de Topeka, obsesionados con sus cajas.

El patrón se llama Elías Serur, y somos 150 obreros no sindicalizados, la gran mayoría mujeres. En Dimension Weld se despedía a quienes intentaban la organización, y una empleada con quince años de antigüedad ganaba 10 300 pesos a la semana. Total, que el 20 de septiembre el patrón nos reunió, nos contó que se declaraba en quiebra, nos dio a cada uno 5 mil pesos, y luego nos llevó a una camioneta chocada y vejada que tiene, y nos dijo: "Véndanla y repártanse el dinero". ¿A quién íbamos a engañar con ese traste? El patrón llevaba unos anillos como de fantasía y quería dárnoslos. De a tiro qué nos cree. Y para acabarla, insistió: "No hay ley que me obligue a liquidar a nadie, porque no tengo nada. No soy Dios ni banco para resolver problemas. Tengo muchos gastos que solventar. Hagan lo que hagan no podrán contra mí. No puedo pagarles, porque todos mis bienes están allí. Sean pacientes, y recuerden que esto sucedió porque Dios lo quiso".

—Creíamos tanto en el patrón que al principio aguardamos. A los ocho días extrajo parte de su maquinaria y nos prometió empezar de nuevo en un año, contrataría a algunos, no a todos. Y lo mejor que podríamos hacer era buscar trabajo.

La mujer del suéter rojo interrumpe a Martín y testifica. Describe las nueve o diez horas diarias de labor intensa, encadenadas a la máquina de coser, ella lleva quince años, desde que se fundó la empresa, y tiene contrato individual de trabajo, pero ésa no es la norma. No hay prestaciones. El tiempo extra lo manejan fuera de nómina, si una tiene necesidades, digamos de un préstamo de 30 mil pesos, si se confiesa y se hinca tal vez le presten mil. Pero eso sí, ni un minuto se les perdona, a concluir las 1 300 pantaletas, los 1 300 fondos o las 1 200 playeras a maquilar.

El relato dickensiano de la abogada es, con el anacronismo de los paisajes fabriles que permitirán el esplendor de las colonias residenciales, con los miles y cientos de miles y millones sacrificados impunemente para acelerar nuestra Revolución Industrial. ¿Para qué darles, por ejemplo, a estas compañeras trabajos de planta pudiendo contratarlas por un plazo corto, y luego despedirlas, al fin hay muchas igual de necesitadas? Ella evoca el caso de una señora que asea los baños y lava platos en la cocina, el patrón halló un cubierto sucio, y la corrió. Así debe ser, y para que esplenda la perfección del mundo empresarial al margen de la ley, prodíganse abogados astutos, dinero que adhiere voluntades de jueces y funcionarios, evasión de impuestos, ocultamiento de utilidades, el edén capitalista.

"¿Cree usted eso justo?", me dice una joven, interrumpiendo a la abogada. "Por eso hemos decidido impedir la salida de las veinte máquinas pequeñas. Valen tres millones de pesos cada una. Son nuestra garantía de indemnización." El grupo que oye las explicaciones se amplía ante la indiferencia de los soldados, y de los trabajadores del Departamento Central. "Miren señores periodistas —argumenta Martín —si el patrón se lleva las máquinas nunca lo volvemos a ver. Quiere deshacerse de nosotros. Nos amenaza, asegura que en la Secretaría de Trabajo le hacen mucho caso, que tiene un contrato con el ejército. Por eso hacemos guardia día y noche."

Y Martín sigue explicando, esa fábrica como todas las de la zona, Topeka, Annabel, Amal, funcionan gracias a la mordida. Así lo arreglan todo. Viene alguien a revisar las condiciones de seguridad contra incendios. Billete y autorización. A nosotros ni batas, ni botas, ni mascarillas para los solventes, y cuando las compañeras se queman (porque hay sobrecarga de calor en las máquinas, son quemaduras de tercer grado, muy enconosas, muy infecciosas), ni un médico ni para remedio.

Se acerca al grupo el dueño, el señor Elías Serur, vestido con la modestia y el gusto de quien lo ha perdido todo en la vida menos la capacidad de convencer: "Lo que pasa es que ustedes ya no quieren trabajar, y por eso me traen a los periodistas a ver si yo me apantallo. Pero delante de ellos se los repito: tenemos que dar gracias a Dios de que nuestra maquinaria no se dañó. Si ustedes quieren impedir su salida, deben traer una carta *no-tarial*, es decir *ante notario* ¿ya saben lo que es? Ustedes saben lo que hacen, yo les garantizo el trabajo". Las trabajadoras protestan, le rebaten sus argumentos. Él las observa despreciativamente: "No esperen que para mañana se instale aquí una fábrica. Ni ustedes son hadas ni yo soy mago. Y a mí no me digan nada. Díganselo a la ley. La ley es el gobierno. Denle gracias a Dios, ustedes son de los pocos que van a tener chamba en el mismo lugar. Pero qué les estoy diciendo, lo que pasa es que ya le agarraron el sabor a la flojera".

Señor Elías se jacta, sonríe, finge ingenio y destreza verbal. Observa con ira a los aliados de sus empleados, feministas y adolescentes del CCH. Insiste: "Yo les pagué religiosamente". Una mujer interrumpe: "Sí, con estampitas". *Señor Elías* se controla y replica: "Ustedes son privilegiados. Mejor que tener empleo, no hay nada. Y si ahorita hablan más de la cuenta, es porque le tienen miedo al trabajo". Y lanza el golpe final: "No me morí porque Dios es grande. Mi vida entera está quebrada. Y ahora me vienen con esto". Una obrera ignora la declamación autobiográfica y le precisa el monto de las indemnizaciones, de 300 mil a un millón de pesos, así muchas ganaran menos del salario mínimo. *Señor Elías* se aburre: "A ver si convencen a la ley". Se le pregunta por el destino de las máquinas. Es displicente: "Se van a una bodega. Vayan algunos de ustedes acompañándolas. A ver si se entretienen. Y ni crean que van a impedir nada. Para eso está la ley". Y se aleja hacia donde lo espera un abogado laboral, o alguien que merece serlo por el tamaño de su portafolio.

Unos nacen con economía

—Yo nunca había ni repartido un volante, pero aquí se aprende. Fíjese ayer fuimos a volantear y platicábamos con una compañera del taller de allí de Bolívar. Salió el patrón y la regañó. "¿Y tú que haces aquí y qué tienes que estar hablando con ellos?" Y la señora agarró su volante y se fue. Eso es lo que ya no queremos, la humillación. Y el trato que nos daban. Cuando había que firmar el contrato, decía el patrón: "¿Para qué van a leer esto? Si ni saben. Fírmenlo nomás muchachas". El sábado después del temblor fuimos con el abogado del patrón y le reclamamos, 48 mil pesos de indemnización eran una miseria. Se enojó: "Ustedes nacieron igual que yo. Todos tuvimos la misma oportunidad. Si no pueden conseguir un empleo, allá ustedes. Yo ya ven lo que soy". Esto no es cierto. Unos nacen con economía, otras nacemos sin economía.

El reconocimiento. El drama que se volvió sindicato

Ya no es posible extraer de modo impune la maquinaria, y a principios de octubre, en acto inusitado, la Junta Federal de Conciliación y Arbitraje, al no estar en funciones la Junta Local por el derrumbe de su edificio, reconoce la justicia de la demanda y decreta el embargo precautorio de la maquinaria.

La intervención de grupos feministas (el Colectivo Revolución Integral, el Grupo Autónomo de Mujeres Universitarias, las jóvenes de la revista *La Guillotina*, las mujeres del PRT) resulta decisiva. Se crea la Brigada de Apoyo a las Costureras del Centro. Casi naturalmente, hacen acto de presencia numerosas *instancias* (como ahora se dice): las grúas del Departamento Central, los sindicatos universitarios, el campamento Plácido y José Domingo, el Bufete Jurídico Gratuito de la UAM Azcapotzalco, grupos religiosos católicos y protestantes.

Y ya no hay que ir a buscar trabajadoras de otras fábricas. Acuden en grupos de tres o cuatro, ya no más las solitarias a la espera de la paga inexistente o del resurgimiento del patrón ("Espérenme aquí" o "No habrá recontratación"). Vienen por su cuenta, y el número es tal que permite formar el 3 de octubre la Promotora de Costureras en Lucha. Esto, mientras en la Cámara de la Industria del Vestido —refiere Sara Lovera— uno de sus asesores jurídicos, Federico Anaya, derrama filantropía: "Sólo que quieran mucho a las costureras les deben pagar y no se preocupen por los salarios".

Se modifica el aspecto de esas dos calles de San Antonio Abad: tiendas de campaña, maquinaria pesada, reporteros a cualquier hora, activistas, voluntarios, tres escritorios, máquinas de escribir. Las denuncias no se interrumpen, algunos funcionarios las oyen y taquimecanógrafas de la Procuraduría de la Defensa del Trabajo transcriben.

Y el gobierno reconoce casi con júbilo la causa de las costureras. El Departamento del Distrito Federal y la Secretaría del Trabajo les ofrecen asesoría y defensa legal gratuita. La CTM responsabiliza de la explotación a los grandes almacenes (El Puerto de Liverpool, El Palacio de Hierro, El Puerto de Veracruz), para quienes maquilan intermediarios, y el líder Fidel Velázquez se da el lujo del gracejo, al interrogársele sobre la presunta complicidad del burócrata cetemista Joaquín Gamboa Pascoe: "También de mí dicen que soy cómplice, pero yo no tengo nada que ver con las costureras porque mi ropa la cosen en casa" (16 de octubre). A la andanada responde puerilmente el dirigente de los industriales del vestido, Gabriel Carrasco: "No hay costureras muertas en el interior de las fábricas. Los trabajadores empezaban a laborar a las ocho de la mañana. Los muertos fueron quienes vivían en los edificios, no obreros" (5 de octubre).

El presidente De la Madrid da instrucciones: rescate prioritario de los cadáveres, garantías laborales a las trabajadoras, atención a sus demandas jurídicas, apoyos fiscales y crediticios para restaurar la industria del vestido.

Los avances externos apuntalan el proceso organizativo. A diario centenares de mujeres se reúnen en el campamento de San Antonio Abad, botean y distribuyen volantes, tienen éxito y fracasan en su intento de atraer más compañeras, discuten sus demandas, hablan, explican ante la prensa su miseria.

El apoyo persiste. Desde el 7 de octubre funciona el Comité Femenino de Solidaridad con las Trabajadoras Damnificadas, continúan las despensas y dinero en efectivo pese a que disminuye en todas partes la fiebre de la generosidad. Lo más importante: la prensa no abandona el tema y le confiere al asunto una dimensión nacional, y gracias a esto, y al tiempo que le roba a su trabajo para echarle un vistazo a los periódicos, se llama a ultraje el secretario de Trabajo Arsenio Farell, sufre una iluminación jurídica y califica de "colusión monstruosa" a la existente entre autoridades, sindicatos, jueces y empresarios (17 de octubre). La Junta Federal de Conciliación y Arbitraje lanza una arriesgada profecía: se consignará a los patrones reacios a pagar el salario mínimo. La Federación Revolucionaria de Obreros y Campesinos (FROC) expulsa a cinco líderes acusados de vender contratos de protección en agravio de costureras y, semanas más tarde, expresiones efímeras de lo increíble: el 5 de noviembre formal prisión al señor Aurelio Macías, propietario de la fábrica de ropa Fillol, S.A., y a su abogado René Félix por adjudicarse maquinaria embargada en favor de 80 trabajadores. El 7 de noviembre, cárcel a Rafael y Alfredo Harbari, por sustraer maquinaria.

El 19 de octubre, un clímax: la recién formada Unión de Costureras en Lucha se decide por la nueva ruta clásica: de la columna de la Independencia a la Residencia Presidencial de Los Pinos. Tres o cuatro mil trabajadoras y sus aliados marchan, estrenan orgullos y seguridades psicológicas, demandan ver al Presidente, discuten con los enviados y por fin, en acto para ellos trascendental, se entrevistan con el licenciado De la Madrid, quien les notifica la formación de una comisión negociadora, manifiesta su doble preocupación, por ellas y por los industriales del vestido, y las remite con el licenciado Farell.

Allí, mágicamente, aguarda eficaz y solícita la burocracia. Cuatro ministros, abogados, café y sonrisas de comprensión. Se ordenará fiscalmente la industria, ya no será éste un sector abandonado, habrá registro sindical, pásenles el machote, examinen el contrato-ley. El domingo, al cabo de una reunión prolongada, ocho mil costureras de más de 40 fábricas, constituyen el Sindicato Nacional 19 de Septiembre, con Evangelina Corona de secretaria general (fábrica Jeans, 47 años de edad). Se obtiene en un día el reconocimiento de existencia que suele tardar de dos a cinco años. El 21 de octubre Farell les entrega la constancia de registro, y las arenga:

"El Presidente de la República cumple la palabra empeñada". La atmósfera es triunfalista, pero faltan los detalles, y los detalles son el reino de los abogados patronales.

Al acto asiste Gabriel Carrasco, presidente de la Cámara Nacional de la Industria del Vestido, cuya autoridad es resistida por vez primera. ¿Cómo, se le pregunta, después de tantos años, sólo ahora se enteran ustedes de lo que ocurría? ¿De qué tamaño era el fraude fiscal de las 500 empresas en la zona de desastre que obtenían utilidades anuales de 50 mil millones de pesos? Carrasco pospone las contestaciones, y se permite un sermón. Las costureras deberían sentirse agradecidas por pertenecer a la industria que es la número uno en la generación de empleos y aporta el 3 por ciento del producto interno bruto. Una joven le responde:

> Estamos orgullosas de ser costureras, pero no nos da orgullo pertenecer a esa industria que durante todo el tiempo ha hecho ofrecimientos incumplidos; a usted no se le invitó, se le obligó a venir aquí porque ya estamos desesperadas. (*La Jornada*, 21 de octubre.)

"Nos vemos en la Secretaría del Trabajo"

El Sindicato enfrenta graves problemas; el retiro de maquinaria y materiales de algunas fábricas; los obstáculos para una presencia de veras nacional; el ataque empresarial (de Coparmex) que señala la "infiltración socialista" en el Sindicato; la extrema penuria de las trabajadoras; la ausencia de contratos importantes; la desinformación y la resignación de la mayoría; la lucha por liquidaciones e indemnizaciones; la resistencia al desalojo en San Antonio Abad. El líder Fidel Velázquez proclama "Gente extraña maneja la naciente organización de costureras", y hay que salirle al paso, y declarar la autonomía.

Sin embargo, las autoridades y la prensa siguen interesados, y eso solidifica otras victorias: los deudos no tendrán que presentar el acta de defunción, se estudiará el seguro de desempleo, no prescribirán las demandas, se les pagará hasta que se les reinstale o reubique, y se les consultará sobre la reubicación. Entre las costureras y sus aliados el ánimo es beligerante, y se interrumpen asambleas para evitar que algún dueño arranque con telas y maquinarias. Se examina la prensa (se instala un periódico mural con las noticias del día sobre costureras). Antes —informan feministas conocedoras del gremio— llevaba meses persuadir a una trabajadora de la existencia de sus derechos. Ahora el avance es rapidísimo. Si un patrón llega y las cita en la fábrica, le responden: "Nos vemos en la Secretaría del Trabajo". Las antes tímidas son las militantes de urgencia de las brigadas.

A más de un mes del terremoto, las trabajadoras viven, sin contradicción alguna, entre el entusiasmo y la desesperación. En el clima del activismo son ya distintas, hablaron con el Presidente, y los secretarios de Estado, tienen broncas políticas en sus hogares con maridos y compañeros, se han vuelto proselitistas. Pero ya viene el fin de mes, deben una renta, y viven en lugares muy apartados (Neza, el estado de Hidalgo, las Aguilitas, Naucalpan). Apenas les sirve el "boteo libre" de los fines de semana, donde cada una usa el dinero recaudado, y quieren trabajar, lo necesitan. Pero en condiciones anímicas distintas: muchas no se emplearán con los antiguos tiranos (los que no desaparecieron), y no admitirán la sujeción tradicional. Por eso su salida óptima son las cooperativas, que requieren apoyo, crédito, registro.

4 de noviembre. La toma de la Secretaría del Trabajo
(Los patrones por las ventanas)

En el paisaje en ruinas, junto a la tienda de campaña, un mitin-asamblea permanente. El horario se establece. A las 4, Jean. A las 4:20 Tabe. A las 4:40 Skylon. A las 4:45 Creaciones Pop. A las 5 Brusette y Dimension Weld. A las 5:20 Mayosi.

Ropa, alimentos, cobijas. En una hora veo desfilar enviados fugaces de diputados, predicadores de la dianética, voluntarias de San Ángel, representantes del SITUAM, del STUNAM y de sindicatos pequeños. Un grupo feminista reparte la comida.

Una costurera de la fábrica Mayosi, S.A., informa:

—Como pudimos, a las once de la mañana nos presentamos en el Ajusco, donde está la Secretaría del Trabajo. Íbamos a ver qué pasaba con las promesas de los patrones: pagarnos a todas las damnificadas, nada de reubicación en nuevos talleres, tres meses de indemnización, doce días por año de antigüedad, veinte días por el absoluto olvido de nuestros derechos, vacaciones, aguinaldo, utilidades. . . Ellos aceptaron primero, y sus nuevos abogados los convencieron de dar marcha atrás.

A las cinco de la tarde, los patrones seguían entercados en no hacernos caso, y además, eran sólo 18, de las 83 fábricas que agrupa el Sindicato 19 de Septiembre. Además, habían amenazado desde el 2 de octubre con suspensión indefinida de labores.

Nos desesperamos y les dimos una hora de plazo para que cedieran. Nos basamos en lo dicho por el abogado de la Secretaría: "De aquí nadie se va si no hay acuerdo". Yo no lo vi, pero me contaron que una compañera, de las mil que éramos, se le enfrentó al abogado de los patrones: "Mire señor, dése de santos que nomás pedimos lo reciente. Si reclamamos todo lo que nos dejaron de pagar por años, no les alcanzaría ni vendiendo sus casotas, sus máquinas, sus telas". Luego cerramos las puertas, los patrones quisieron salirse por las ventanas, y ya sintiéndose acorralados quitaron vidrios para largarse por detrás. Rodeamos el edificio y sí, es cierto, hicimos escándalo, pero con el fin de que respetaran nuestros derechos. Pensamos: "A lo mejor con un poquito de bronca logramos algo, porque negociando nos tienen hasta el Día del Juicio".

Yo no estaba dentro del grupo de negociaciones, sino afuera con las demás compañeras, apoyando con nuestra presencia. Nos quisieron echar brava los mismos trabajadores de ahí, porque les molestó que exigiéramos nuestros derechos. Como ni dejaban entrar ni dejábamos salir a las personas quisieron asustarnos, que nos iban a echar a las patrullas, que al ejército. Los patrones empezaron a irse primero, luego los trabajadores de la Secretaría (era su hora de salida) y como estábamos en custodia, a todos los estuvimos deteniendo, pues no sabíamos si eran patrones o el personal, y no distinguíamos las amenazas si eran de patrones o de trabajadores de ahí mismo.

Como somos unión, entre todas decidimos tomar la Secretaría, y lo hicimos de las seis de la tarde a las once y media de la noche. No sacamos ventaja de esa medida, ninguna, pero necesitábamos hacerlo, porque los patrones no llegaban a ningún acuerdo. Querían tratar fábrica por fábrica, acostumbrados a lavarnos el cerebro, a hacer lo que querían. . . pero eso era antes, ahora luchamos todas y es justo que a todas se nos resuelva el problema. Y cómo cambiaron los patrones: al ver que tomamos la Secretaría, simple y sencillamente por su dinero querían salirse y dejarnos ahí. Exigieron la presencia de granaderos, porque tenían miedo. ¡Imagínese! ¡Miedo de nosotras!

(Interviene una costurera de Maquilas Tabe y Multiconfecciones, S.A.)

—Para nosotras, haber tomado la Secretaría fue un hecho muy significativo, ya que somos costureras y siempre hemos sido explo-

146

tadas. Tengo cinco años trabajando para mi patrón Jaime Calage, y no es justo que me dijera: "Mira, de tus cinco años te voy a dar 46 000 pesos". A compañeras con 18 y 19 años de antigüedad, se les dio 130 000 pesos, eso fue una burla. Una semana después del sismo se presentó el patrón y nos dio nuestra raya: "Muchachas, lo de su caja se los entrego hasta el 6 de diciembre, y hasta luego". Nosotras contratamos un dizque abogado, Vicente Morales, que según esto iba a resolver el problema: nos traía de plática en plática, le íbamos a dar el 30 por ciento, pero él se vendió a nuestro patrón. Lo único que quería era alargar esto. Este abogado orilló a muchas, cabezas de familia, a aceptar lo que se les dio, una miseria. A mí me dio 46 000, a otras 36 a otras 26. . . por cinco años de trabajo.

Nuestro patrón no quiere ya nada con el Sindicato, él quiere arreglarse directamente con nosotras. A una compañera le habló por teléfono para que nos convenciera, ella le contestó: "Yo no puedo convencerlas ya que yo pienso por mí misma y ellas también por sí solas, yo no pienso por las demás".

Le cuento una cosa: en las negociaciones con el patrón, en Avenida Chapultepec (20 días después del sismo), él, a gritos, le enseñó a una de mis compañeras unos recortes de periódico, con frases inclusive que ella no había dicho. (Seguro el reportero se confundió.) El patrón le dijo a mi amiga: "Si acepta lo que le doy, olvido lo de este recorte". Ella se indignó: "Usted me comprueba que yo dije eso, y si usted me levanta un acta, yo hago lo mismo".

Los propietarios quieren asustarnos y sacarnos de aquí, a ellos no les conviene el Sindicato. ¿Cómo le va a convenir que a quien tiene 19 años le toque arriba de un millón de pesos? Si ya le dio 130 mil se ahorró 870 mil. Mi patrón sí tiene mucho dinero, las prendas que hacíamos eran muy finas, para Sanborns, Suburbia, Liverpool; inclusive compró hace poco como 25 máquinas, y él nos decía que costaba más de un millón cada una.

7 de noviembre. *La interminable marcha*

—Aquí nos tiene de nuevo, del Ángel de la Independencia a Los Pinos. No es que nos guste mucho la ruta y qué más quisiéramos que no estorbar el tráfico, pero no nos dejan otra. Le cuento: hace tres días tomamos la Secretaría del Trabajo, lo que nos pareció increíble, y les dimos un plazo de 48 horas para resolvernos. Ayer volvimos a la Secretaría y no nos dejaron entrar, que ya habíamos hecho mucho desorden. No fue desorden ni desorganización, tenemos todo el derecho a actuar así, qué podemos hacer si ni escuchan, ni solucionan ni le paran a las promesas.

Por eso volvemos a Los Pinos. El Presidente nos trató muy bien, y nos mandó con el secretario del Trabajo, Farell, que nomás nos trae dando vueltas. Él nos dijo que estaba de nuestra parte, pero por actitudes que toma lo creemos aliado con los patrones, ellos son los de la fuerza económica, y nosotras no tenemos nada. Me acuerdo que mi patrón repetía: "Prefiero darle dinero a un abogado que a una costurera". Tratan de cansarnos y desunirnos y dejar esto como empezó, cuando el patrón decía "bueno, no sobra la que se queda, ni falta la que se va". Una compañera se salió dos meses antes del sismo y no recibió ni un centavo: "No le doy nada porque no tengo costumbre de dar", dijo el patrón. Él prefería aburrirnos a despedirnos, así nos íbamos solas y se ahorraba el dinero, aunque fuese tan poco.

El Presidente nos aseguró su ayuda y debe cumplirnos. Por desgracia la gente de su confianza que debía auxiliarnos le ha fallado. Nosotras sólo sabemos que se nos niega lo prometido, y la única persona capaz de resolver este problema es el Presidente, sí sólo él. Él debe comprender que somos madres de familia, muchas le hacemos de padre y madre a la vez.

¿Sabe qué nos pareció lo más bonito de hace tres días? En el Ajusco parecía lo de siempre: ellos adentro y nosotras afuera. . . hasta que tomamos la Secretaría, y ellos estuvieron afuera y nosotras adentro.

NOTICIERO V ■ EL PLAN DN-III

Un consenso capitalino: aunque el gobierno no lo acepta, jamás se aplicó el Plan DN-III de la Secretaría de la Defensa Nacional propio para zonas rurales, y que nace en 1966 al desbordarse el río Pánuco. El plan se ajusta a un propósito básico: "aminorar los efectos de un desastre mediante la aplicación de medidas preventivas y de urgencias, coordinando los apoyos proporcionados por las dependencias de la administración pública federal, y paraestatal, organismos privados, agrupaciones civiles voluntarias y ciudadanía en general. Se busca mantener la confianza en la capacidad de las instituciones nacionales y optimizar los recursos asignados para hacer frente al desastre. . . Cuando la situación se emergencia se ha superado y las autoridades asumen el contron de la situación, el Ejército Mexicano se integra como un colaborador más".

En la mañana del 19 de septiembre, el Presidente decreta la implantación del Plan DN-III. Pero el Ejército no coordina, y lo más visible es el espectáculo de soldados resguardando edificios y acordonando las zonas más dañadas, así participe también en otras tareas. ¿Por qué? Entre muchas hipótesis, circula la siguiente: el Plan exige suspensión de garantías constitucionales y supeditación de las autoridades civiles a las militares. Esto no se hace necesario al no darse las turbas que asalten ruinas y almacenes, y —probablemente— al calcularse el alto costo político del dominio militar en la ciudad. Al margen de la hipótesis, lo cierto es que los militares nunca pretenden la dirección de las maniobras oficiales, y en un momento u otro los coordinadores resultan ser el Presidente de la República, el regente Aguirre y el secretario de Gobernación. Los soldados colaboran en el rescate, y también corren riesgos, pero a su imagen pública la enturbian las actitudes intransigentes en los acordonamientos. Entre las ruinas, y a lo largo de dos semanas, discuten con acritud civiles y militares. Un ingeniero que coordina un grupo de voluntarios, le declara al reportero: "¿Sabe usted en qué consiste el Plan DN-III? Se lo voy a decir. Consiste en que los soldados van de tres en tres con sus radios y sus ametralladoras intimidando a los voluntarios y peleándose con los brigadistas extranjeros" (*La Jornada*, 26 de septiembre). Hay múltiples acusaciones de robo contra los soldados, en especial en Tlatelolco. Los rescatistas se indignan: "Dificultades, miles, y más con los soldados que creen que por llevar un uniforme ya uno debe hacerles caso a sus órdenes irracionales e ilógicas, las que no atendimos desde luego", dice el coordinador de los trabajos en Conalep (*Excélsior*, 23 de septiembre), y el dirigente del rescate en el Hotel Romano es vehemente: "Señorita, usted que es de la prensa, escríbalo por favor, el Ejército simplemente no autoriza que traigamos nuestra herramienta, porque tienen que pedir autorización, y mientras qué, la gente se muere" (*Novedades*, 30 de septiembre).

No se unifican las versiones. Según el secretario de la Defensa, el Plan DN-III "fue puesto en acción ciento por ciento" (*La Jornada*, 12 de octubre). En la Cámara, el teniente coronel Rodolfo Linares, diputado federal por Oaxaca, desmiente a la opinión pública:

Son injustos e injustificados los ataques y crítica que se han hecho en contra del ejército en relación con las labores de salvamento. El Plan DN-III, no se aplicó en la ciudad de México y por lo mismo no puede hablarse de un fracaso o inoperancia.

Al mes del sismo, el general Juan Arévalo Gardoqui, secretario de la Defensa, le explica a una comisión de diputados: "Sé perfectamente que las medidas de seguridad y orden no son del agrado de muchas personas, máxime si están afectados sentimental y emocionalmente por las tragedias, en especial cuando sus parientes están muertos o en peligro de fallecer. . . ¿Pero qué es preferible: salvar vidas o causar más muertes? Si no se hubieran aplicado las medidas disciplinarias, muchas personas hubieran intentado ingresar en los edificios dañados y con toda seguridad la mayoría de ellas, debido a su desesperación, no hubieran salido de ellos. Reconozco que la severidad de las medidas adoptadas en el Plan DN-III no son de ninguna manera para complacer a todo el mundo, para que el ejército sea aplaudido, sino para mantener el orden, la disciplina, evitar más muertes, robos, saqueos. . . Prefiero la crítica a haber sido responsable de más muertos por tolerancia, por falta de disciplina, por complacencia. Esto hubiera sido peor" (*Excélsior*, 19 de octubre de 1985).

Los damnificados en el Centro

Al antiguo Centro de la capital, el terremoto del 19 de septiembre de 1985 le despliega el aspecto en forma inequívoca, más que cambiárselo radicalmente. Entre otros elementos, el cascajo, la selva de objetos ya sin dueño, los refugiados en la calle, la tragedia que sustituye a la desolación de todos los días, hacen evidente el desastre social que anticipó la furia geológica. Tras medio siglo de permanecer virtualmente intocadas, sobre las zonas del centro desciende una claridad inexorable, que disipa en minutos la confusión ancestral entre miseria y pintoresquismo.

¿Qué había mantenido la diferencia (interna y externa) ante una marginación tan atroz? Ni denuncias políticas, ni reportajes escritos y televisivos, ni testimonios de los sentidos, alcanzan lo que el terremoto obtiene en instantes, desmitificar de raíz y hacer visible la sordidez antes considerada "lo natural". Ya se admite: esto también es el México Legendario: vecindades sin mantenimiento alguno y a las órdenes del cochambre, hacinamientos que no consienten armonía familiar alguna, rencor frenético contra la política de quienes jamás se ven a sí mismos como ciudadanos, psicología del ghetto que ejerce la mayor violencia contra los seres próximos, autoridades que ven en las protestas puros rezongos, caseros cuya prepotencia prolonga la arbitrariedad de los empleadores, "olor a fracaso". El sistema de rentas congeladas ayuda a las economías familiares, pero lo más caro del mundo es ser pobre y nada evita el altísimo costo de habitar lugares con servicios precarios y atroces reglas de juego.

Esto se reconocerá a partir del 19 de septiembre de 1985, transcurridos los momentos más profundamente catárticos del llanto, el dolor, la búsqueda de familiares y amigos, la ocupación penosa de aceras y camellones, el estupor de las pérdidas simultáneas. Luego, en la intemperie, en el reacomodo en campamentos y albergues, apiñados en los resquicios que ofrecen parientes y compadres, las preguntas adquieren un tono encarnizado: ¿por qué nunca nos hemos organizado para vivir de manera más humana? La queja se politiza: nos quedamos sin nada, ¿y a quién exigirle? Mientras estudiantes, amas de casa, profesionistas, médicos y religiosos prestan ayuda voluntaria, en las zonas más afectadas por el sismo —el barrio de Tepito, las colonias Guerrero, Morelos, Valle Gómez— van creciendo las organizaciones vecinales. Algunas ya existían pero eran débiles o inconstantes, y lo que surge necesita sistematizar el conocimiento urbano, lo que incluye la lógica de los funcionarios y el recuento preciso de las propias fuerzas.

En reuniones vecinales, el aprendizaje es rápido. Al principio, muy pocos saben qué decir, a quién dirigir el discurso, cuáles son sus derechos, cómo manejar el idioma de las asambleas. La pedagogía de la necesidad le roba el estilo a las discusiones partidarias o estudiantiles, y entre sectarismos, intentos caudillistas, logorrea, regaños a quien dice lo mismo que uno pero antes o después, y desinformación muy en deuda con el culto al rumor, se origina una nueva conciencia, cuya esencia es la relación distinta con el gobierno, ya no desde las posiciones del mendicante y el "menor de edad" civil. Escúchame, Estado, ¿qué vas a hacer por nosotros los marginados de la economía? A ti, causante notorio de harapos y ruinas, te corresponde dotarnos de viviendas, escuelas, luz eléctrica, agua potable. Tú debes hacerlo. No en vano eres el padre de todos los mexicanos.

Asambleas, marchas, plantones, declaraciones, ocupación de antesalas. Los colonos o vecinos memorizan con celeridad la información pertinente sobre siglas, distribución de responsabilidades de las oficinas de gobierno, horas reales de oficinas, puntos neurálgicos de la administración. Y, lo más importante, se van cerciorando de los alcances de su fuerza organizativa, de su significado político y simbólico.

Las consecuencias de una expropiación

Tómese el ejemplo de la colonia Morelos: 15.5% de las viviendas afectadas por entero; 72.2% parcialmente afectadas; 11.0% no afectadas. Y, de manera previsible, en el 53.9% de las viviendas totalmente destruidas se pagaba menos de 500 pesos de renta, y en las menos afectadas se pagaba más de 15 mil pesos de renta.

En las primeras semanas llega pronto y con abundancia la ayuda negada desde siempre, pero es complicado encauzarla, hay denuncias de malos usos y de almacenamiento inexplicable de los envíos del exterior, se sospecha de las intenciones catequizadoras de las organizaciones religiosas (cuya aportación es generosa), y de las intenciones mediatizadoras del PRI y del Departamento Central. Y hay que seguir viviendo en los campamentos.

Deseosos de alternativas, radicalizados políticamente, o por lo menos ya afirmados en la libertad de expresión, los damnificados imaginan proyectos autogestionarios, hablan con jóvenes arquitectos, se asesoran con expertos de los organismos internacionales que dan dinero para la reconstrucción. Pero no avanzan mucho. El gobierno concentra los recursos, la construcción es carísima. Y el frío, la lluvia, el calor excesivo, los accidentes, la falta de espacio mínimo, la aglomeración, hacen ardua la vida en los campamentos (a veces llamados "gallineros"). Además, y comprensiblemente, abundan los enfrentamientos con las autoridades y entre ellos mismos, languidece el aprovisionamiento, hay desmoralización y hostilidades por la convivencia, en un albergue —el ejemplo es típico— hay cuatro sanitarios de hombres, cuatro de mujeres y veinte regaderas ¡para mil personas! Se mal come, faltan vacunas, se bebe agua contaminada, se camina entre un trajín de colchones y sillas, se cuidan al extremo los "papeles esenciales": actas de nacimiento, actas de matrimonio o de divorcio, recibos de renta, boletas de escuela. Se vive en la nostalgia hiriente y en el temor: perderemos los predios, se esfumarán nuestros derechos, hijos y padres habrán muerto en vano sin siquiera transformarse en esa apoteosis de la familia que es un título de propiedad.

Miles se resisten al traslado a los albergues oficiales. Prefieren el hacimiento en calles y jardines, las visitas fugaces al almacén en la Sala de Armas del auditorio de la Magdalena Mixhuca, donde se surten de ropa y zapatos viejos, los pleitos con los caseros, los combates feroces en derredor de las tomas de agua. Lo que sea, con tal de no alejarse de sus antiguas viviendas.

La actividad autogestionaria es significativa, pero reducida, y los vecinos se concentran en las consecuencias del decreto de expropiación de edificios y predios urbanos del 11 de octubre de 1985, que afecta a siete mil inmuebles, y cuya superficie se destinará a la renovación habitacional. El decreto —recibido con entusiasmo— revela a los pocos días sus numerosas fallas, técnicas y políticas. Se preparó al vapor, muchas expropiaciones no proceden, otras no se hicieron, el catastro consultado desborda errores. . . Al principio se le defiende a secas. Dice el Presidente: "Al expropiar no busco la popularidad". Pero luego el regente del DDF Ramón Aguirre asume la culpa, y también el Presidente se autocritica: "Le confieso —le declara al director de *Excélsior* Regino Díaz Redondo— que no vi la lista del decreto en sus detalles; yo di los criterios; ahora veo que probablemente debí haberla visto, pero tenía muchas cosas que hacer". Y sin embargo, la expropiación, reconocimiento de un problema gigantesco, es punto de partida para la impostergable reforma urbana.

La derecha ataca el decreto con ferocidad, el PAN lo considera "un elemento más de incertidumbre", los empresarios de Monterrey le exigen al Fondo Monetario Internacional que revise la conducta errática o errónea del gobierno, y Nicolás Madáhuar, presidente de la Confederación de Cámaras Nacionales de Comercio pontifica: "La expropiación acabará de una vez por todas con la confianza de la sociedad". Gerardo Garza Sada, presidente de la Conaco de Monterrey juzga la medida "populachera y estatizante, y la repudiamos porque el ejemplo cundirá en el resto del país".

Algo muestra la ira empresarial: no obstante sus fallas, el Decreto facilita procesos impostergables.

La solidaridad entre las clases

—Lo pensé rápido: nada valía tanto, ni mis planes de trabajo, ni mi tesis, ni la universidad para el posgrado. ¡Nada! Todo lo mío era vanidad comparado con el sufrimiento de miles.

—¿Cómo me iba a importar comprarme el automóvil? ¿Cómo me iba a ir si escuchaba las voces de mis semejantes? Me imaginé a mí mismo bajo aquello; le di gracias a Dios y me quedé a ayudar.

Desde el 19 de septiembre en las universidades privadas (Iberoamericana, Anáhuac, Lasalle, ITAM) la afluencia de voluntarios es importante. Se reúnen toneladas de víveres, medicinas, dulces, juguetes, cobijas, linternas, ropa, cubrebocas, agua electropura, cereales, etcétera. Una familia trae de Houston en un avión particular mil kilógramos de oxígeno. Desde el Centro de Comunicaciones de la Anáhuac se llama a 39 países. A la prensa, los jóvenes declaran: "De alguna manera con esto nos estamos quitando la imagen de niños bonitos, nadamás porque pertenecemos a la clase acomodada". Se organiza en la discoteca Magic Circus el Coctel ProDamnificados, como parte de la campaña "Ayúdanos a Ayudar". El grupo Gente Nueva emprende el programa "Compartamos" y prepara el disco *Dame tu mano*. Se forman decenas de brigadas y los Legionarios de Cristo los exhortan: "Recuerden que hay gente que no está en las mismas condiciones que ustedes". En las juntas, se entona la canción adhoc compuesta por un brigadista: "Regalaré una rosa a tu vida". A la revista *Impacto* una brigadista de la Anáhuac le expresa su posición:

—Los damnificados son gente como tú y como yo, por eso no es difícil compenetrarse con su dolor y compartirlo. Pero lo más importante y trascendente es no sólo comprometer el sentimiento sino la vida con esos hombres y mujeres. La principal motivación que puedo tener para continuar trabajando no es nada parecido a un fantasma con cara de deber. Lo que necesito es meditar en la realidad de yo no voy a acabar sola con el dolor, pero si dejo de hacer mi parte nadie lo hará por mí y, además, yo siempre he querido cambiar el mundo, hacerlo mejor, creo que ahora es cuando debo comenzar a ejercer mi responsabilidad. Nadie tiene que agradecerme o retribuirme por ayudar, considero que es, en cierto sentido obligatorio ayudar al prójimo. No creo que ésta sea una obra de caridad, es cuestión de justicia. Definitivamente esto me ha servido para darme cuenta de que en mi país no faltan oportunidades para hacer justicia a los necesitados pero yo no soy dueña de todas las riquezas de la tierra. Creo que una estrecha colaboración entre los jóvenes, el gobierno y la iniciativa privada es básica para unir la fuerza y los medios de reconstrucción.

EDITORIAL V ■ LOS PARTIDOS POLÍTICOS

Nuevo lugar común: el terremoto rebasó a los partidos políticos, que ni coordinaron el rescate, ni organizaron las demandas. Esto se debe, creo, a diversos factores.

☐ Si de algo carecen los partidos es de *militantes* que complementen la actividad de los cuadros profesionales. A diferencia de los grupúsculos que sólo disponen de militantes, a los partidos los caracterizan las muy escasas posibilidades movilizadoras de sus aparatos bucrocráticos, guardianes de la ideología y monopolizadores de la representación pública. De hecho, en la práctica los partidos suelen ser el aparato burocrático más —en ocasiones especiales— los simpatizantes (con o sin credencial).

□ La despolitización en México profundiza la resistencia a los partidos. Al identificarse a la política con "lo naturalmente sucio", se ve en *los políticos* (del partido que sean) a los eternos manipuladores, los enturbiadores de la comunidad, de acuerdo a la identificación (nunca probada, nunca inexacta del todo) entre abuso ideológico y maniobras partidarias. El terremoto acrecienta la suspicacia: organicémonos pero al margen de los partidos.

□ Sin poder de convocatoria ni políticas urbanas ajenas al catálogo de quejas o buenos propósitos nunca detallados, los partidos se vuelven espectadores y comentaristas de la solidaridad. A las tareas de apoyo, los militantes se suman en tanto ciudadanos, porque en la tradición de sus organizaciones nunca ha intervenido la movilización social. Esto es aún más tajante en el caso de la oposición que en los años recientes va a la zaga de las acciones gubernamentales con hechos que suelen ser resistencias tardías: tomas de alcaldías, huelgas de hambre, declaraciones a la prensa, mesas redondas y marchas (sólo ocasionalmente importantes). A la oposición la minimizan los recursos financieros e instituciones del Estado, las represiones, la indiferencia social ante la protesta, la impunidad del fraude electoral, la asimilación oficial de sus demandas programáticas. Y su vitalidad depende de las elecciones que cada tres años les permiten solicitar el apoyo de la población, y exponer reclamaciones y puntos de vista ante grupos jamás muy numerosos. Sin embargo, aunque es pobre su influencia en la sociedad, algo logran en sindicatos y grupos estudiantiles.

En las semanas de la gran movilización, el panorama partidario se estrecha. El PRI es el partido con más recursos pero sólo cuenta con militantes *de temporal* (¿por qué no tembló el 3 de julio cuando aún disponían de activistas pagados?), y se apega a los gastos simbólicos: recorridos de preocupacion por las zonas afectadas, envío de camionetas, instalación de centros de abasto no muy importantes. Sin acarreos al alcance, el PRI lo cifra todo en la gestoría, eliminada entre septiembre y noviembre por el trato directo entre damnificados y autoridades. Por lo demás, la presencia del PRI es conspicua en los centros administrativos y periférica en juntas y asambleas, donde los priistas son objeto de repudio o de un recelo indistinguible del repudio.

Sin proyección de nación ni organizaciones urbanas, el Partido Acción Nacional, rencor vivo a la hora del voto, se confunde ante los acontecimientos. Rebasado con creces, se confina en su vieja táctica de las agresiones verbales, se encierra en los discursos semivibrantes de la Cámara de Diputados donde —¿que más?— exige transparencia en el manejo de la ayuda externa (demanda que no encabezan), y se sumerge en la histeria contra el Decreto de Expropiación, en pleno culto adorador de la propiedad privada.

En cuanto a la izquierda, no es fácil clarificar su presencia. Si bien quienes impulsan los movimientos de damnificados pertenecen a la izquierda social, la izquierda política paga caro su concepción unidimensional del partido, su trayectoria autoritaria, su negación de la vida cotidiana. Entre sus convicciones históricas, destaca el control piramidal de la vida partidaria (¡el "centralismo democrático"!), y la desconfianza ante lo que no sea político, y esto incluye las movilizaciones sociales. Al extinguirse la militancia "totalizadora", las burocracias no amplían su temática.

En septiembre y octubre de 1985, los partidos fracasaron porque las circunstancias exigen acciones flexibles, porque su membresía es en verdad raquítica, y porque, cada uno a su modo, desconfían acerbamente de la sociedad civil.

24 de octubre. El Foro de los Damnificados

En el auditorio de la Unidad Habitacional Adolfo López Mateos, ingratamente conocido como Tlatelolco (¿Llegará el día en que nadie conozca a qué personaje representan las estatuas de don José López Portillo?), el primer Foro de los Damnificados, que unificará las demandas de las colonias Nicolás Bravo, Narvarte, Asturias, Guerrero, Pensil, Roma, y Valle Gómez, del Centro Morelos, de la Unión Inquilinaria y de Damnificados de Tepicentro, de Conamup, del Frente Único E. Carranza, del Sindicato de Costureras, de las cinco agrupaciones de Tlatelolco, del Colectivo Feminista Cuarto Creciente. . . ¡Detente reportero! Has caído en el universo de la autogestión, y la desconfianza orgánica ante el gobierno: "Exigimos que se traslade el dominio a los usuarios, para congelar el uso del suelo y evitar que el suelo regrese al mercado especulativo".

Es la hora de la Asamblea, esa boa constrictora cuyo enérgico y vibrante letargo ha aniquilado generaciones enteras de izquierda ("Miren compañeros. . .", las últimas palabras de casi todos los movimientos). Pero si la Asamblea es la arena movediza del desgaste, la conversión de intenciones en frases y de causas en burocracias efímeras, también es la educación insoslayable y la prueba de fuego: si un movimiento sobrevive a sus asambleas, sobrevivirá a sus enemigos.

Un compañero se opone a un punto del pliego petitorio. Como damnificados —considera— no nos toca profundizar en la demanda de la expropiación o nacionalización de la industria farmacéutica, y menos aún hacer este planteamiento ahora, por justo que sea. Se le replica: al contrario, ahora es la oportunidad porque se nos oye. Un abogado juzga inútil proponer una expropiación de edificios y lotes baldíos sin indemnización. No es posible, y aquí no procede la ley de nacionalización, se violaría el ordenamiento constitucional. Aguardo una respuesta que desdeñe la "legalidad burguesa" y me frustro. Quien contesta sólo dice: "No es un problema técnico-legal, sino el señalamiento de una contradicción. Fíjense, compañeros, han expropiado edificios de renta congelada. Antes el casero lo que realmente tenía era terreno, y cada mes se jodía y hacía corajes contra el pinche gobierno al recibir sus 60 o sus 80 pesotes de renta. Ahora, el casero resentido se convierte en el expropiado satisfecho, y los jodidos serán quienes paguen 60 y 80 mil pesos mensuales. Ya nos lo dijeron todos: el costo de las rentas será el valor de la indemnización más el valor de la remodelación. Es decir, nos haremos cargo del temblor y del sistema capitalista".

La diferencia de esta asamblea con la Asamblea mítica, es la índole premiosa de los temas: rentas, indemnizaciones, expropiaciones, mecanismos legales, observaciones al *Diario Oficial*, referencias a disposiciones del Reglamento de la Construcción. Se pierde santidad ideológica, se gana en conocimiento urbano. Y la ansiedad pedagógica determina el final desdramatizado del primer Foro de Damnificados. Suben al proscenio veintidós personas representando a sus organizaciones, y se integra la Coordinadora Única de Damnificados de la ciudad de México, la CUD. Aplauso breve. Aquí no hay la vocación escénica de las sesiones de la Reconstrucción. Falta la emoción que enmarca a la ineficiencia, falta la firma de conocimiento de nuestra burocracia.

25 de octubre. *"Ya no podemos seguir viviendo en las calles"*

El chavo se enardece: "Esto es indiscutible, compañeros, ya no podemos seguir viviendo en las calles. No es justo, no es humano, no es soportable. Por eso nos lanzamos a la autoconstrucción y por esto

157

defenderemos a capa y espada la primera vecindad que hagamos".

En el local del Sindicato El Ánfora, se realiza la asamblea de la Unión Popular Inquilinaria de la Colonia Morelos y de la Peña Morelos. El local me obliga a la evocación: aquí, el 4 y 5 de agosto de 1960, se efectuó el Primer Congreso pro Liberación de Presos Políticos, presidido por David Alfaro Siqueiros y don Filomeno Mata, hijo. Éramos pocos, y —como hoy se diría— la capacidad de negociación era escasa. Hubo porras contra el presidente López Mateos, provocaciones de agentes con aspecto de agentes, manifiesto a la Nación de 40 cuartillas que se redujeron a media página. En el éxtasis de los pocos que se creen muchedumbres alguien propuso ir al cercano penal de Lecumberri a dejar en libertad a Demetrio Vallejo y Valentín Campa. Otro lo contradijo: "Un momento, compañero, todavía no tenemos *objetivamente* la fuerza". Cuatro días después, se detiene a Siqueiros y a don Filomeno acusándolos de "disolución social". . .

Veinticinco años después a los activistas grupusculares los remplaza un auditorio compacto de amas de casa, padres de familia, jóvenes obreros y estudiantes, niños que se politizan sin escuelas activas de por medio. Frente a la mesa que resguarda al presídium, un dirigente señala una hilera de cartelones: "Vamos a explicar estos papelotes, uno por uno". Habla con lentitud, y forja sobre la marcha la pedagogía del autogobierno, a satisfacción de los presentes. Lo primero es explicar una vez más la desconfianza al gobierno: "Muchos organismos internacionales no han querido dar dinero al gobierno, porque saben que hay corrupción; prefieren a las organizaciones populares. Pero no nos darán dinero si la única garantía es nuestra bonita cara. Por eso, debemos constituirnos en asociación civil". Se detiene y recapitula:

—¿Hasta ahorita vamos claro, compañeros?

—¡síí!

Los *titulares del proyecto* son los inquilinos de la Morelos, la Unión de Vecinos de la Colonia Guerrero, Casa y Ciudad, A.C., Fomento Cultural, A.C., Corporativo de Estudios y Asesoría Jurídica, Parroquia Los Ángeles. El líder es parsimonioso, cuantifica los ingresos, explica que los egresos se aplicarán a gastos del proyecto (materiales, etcétera), no a gastos de la Unión. En cuanto a los créditos, la Unión Popular Inquilinaria decidirá a quiénes se les otorga, de acuerdo a requisitos forzosos: compromiso de pago, trabajo colectivo. . .

El costo aproximado de cada vivienda nueva: 400 mil pesos. Los intereses serán más bajos que los del gobierno y las modalidades de pago se ajustarán a la condición económica de cada quien. Así por ejemplo, quienes entreguen el 10% del ingreso familiar, pagarán, 3 800 pesos en 70 mensualidades, y quienes aporten el 25% del ingreso pagarán 9 500 pesos en 37 mensualidades. Estos pasos se aplican igualmente a los créditos para reparación. La Asamblea decidirá de los casos extraordinarios (aquellos sin posibilidad de recuperación, jubilados, inválidos, etcétera). La directiva propone el rechazo de las cooperativas impulsadas por el PRI, que llevarían al control y a las imposiciones habituales.

Los asistentes examinan con toda seriedad especificaciones y aclaraciones. Es su porvenir inmediato, y es la inserción personal en el destino colectivo. Hasta ahora han vivido postergados, jamás se tomó en cuenta sus puntos de vista, sólo se les requería como masa portátil en las giras del candidato por este distrito, o en las inauguraciones con sonrisa adjunta del diputado. Desde el 19 de septiembre están hartos de la intemperie, de las visitas presuntuosas de funcionarios, de la insalubridad, de la curiosidad veloz de los automovilistas, del fin de su mínima privacidad. *Aplauden*: la Unión de la Colonia Morelos y la Peña Morelos se constituyen en asociación civil. *Aplauden*: el lunes próximo se inicia la reconstrucción de la vecindad de Obreros 12. *Aplauden*: hoy podemos reconstruir alrededor de 100 viviendas. Son insuficientes, pero es un comienzo sólido.

De seguro, este chavo tan preciso algo o mucho ha aprendido del asambleísmo estudiantil, pero su oratoria es novedosa. Pretende conmover con hechos y cifras, e inculcar una noción en sus oyentes, en esos compas que son sus vecinos: el control de las cosas y de la vida, está aquí, a nuestro alcance, y el poder colectivo no depende fatalmente de oficinas de lujo, donde el funcionario oscila entre la altivez y el tedio a los cinco minutos de diálogo forzado con los damnificados. El poder colectivo, y la confianza del chavo es la apoteosis de su teoría, también surgirá en locales maliluminados, con las veladoras que ciñen a la imprescindible Guadalupana, con mujeres cuya edad sepulta rasgos vencidos, con hombres gastados por la falta de alternativas.

—Todo depende del trabajo de ustedes. Nos urge ser independientes porque la sumisión no es el camino, nos quieren meter a un cajón donde no vamos a decidir nada, lo harán por nosotros. El gobierno quiere instalar palomares, condominios de altos pisos, donde todo lo comunal se pierde. Nosotros queremos conservar un estilo de vida, una cultura, un modo de ser. No queremos multifamiliares de cinco o más pisos, porque eso dificulta o impide que estemos unidos, y sólo unidos podremos ser dignos. ¿Cómo se le hace para que la dignidad venga de uno en uno?

De modo súbito, desaparece la información y emerge el mensaje, la rabia que es punto de vista.

—Va a ser necesario que perdamos el miedo y nos atrevamos a gobernar en nuestra propia colonia. El gobierno no ha estado aquí. Aquí nosotros somos gobierno. Nos hemos encargado de la salud, de la remoción de piedras y escombros, de la comida, del agua, de la repartición de víveres, de todo. Somos muchos y vamos a ser más.

Gritan:

—*Las casas se cayeron/el sismo las tiró/Nosotros las haremos/con la organización*.

La conclusión está a cargo de un adolescente:

—Decimos con los hechos que nos importa quedarnos con este barrio. Por eso necesitamos que todos estén bien informados. Por favor, pregunten, expresen sus dudas, no sean como antes.

Se acerca una señora al micrófono, lo observa con desconfianza, está a punto de arrepentirse, retrocede, se dice a sí misma una frase en voz baja, y por fin se atreve:

—¿Se le va a comprar al gobierno lo que expropió?

La respuesta es didáctica, el compañero se engolosina con el uso de la palabra, la asamblea se disuelve.

26 de octubre, 6 de la tarde. Con ustedes, la fabulosa, la única, la irrepetible. . .

En el Palacio de los Deportes, el Radiotón, a beneficio de los damnificados es, antes que suceda, un éxito: el acto se comercializó, y ya se han ganado 100 millones de pesos, sin contar lo recabado en la taquilla. Apenas iluminado, pésimamente sonorizado, lúgubre, hoy el Palacio de los Deportes alberga a un público que se cronometra a la perfección. A cada anuncio, un grito festivo que dure exactamente medio segundo. El locutor menciona una vez más las bondades de la Cámara Nacional de la Industria de la Radio, certifica que 600 radioemisoras transmiten el gran acontecimiento en toda la República sojuzgando 40 millones de aparatos y. . . ¡no se vaya todavía! Falta el Príncipe de la Canción (*alarido*), y la jarochísima Yuri (*alarido*), y el azote de las mochilas azules Pedrito Fernández (*alarido*) y Manoella Torres (*alarido*) y el cuñadísimo Abraham Méndez (*alarido*). Un público tan exacto en sus alborozos se formó de seguro en los grandes estudios de Televisa, regido por las indicaciones del floor mánager, habituado a ver en la ovación el preámbulo del comercial.

¿Ya ven? La industria del espectáculo es generosa con los damnificados. El Antiguo Ídolo del Rock se pasea cerca del templete con ganas de ser reconocido. Admiradoras no le han de faltar. Llegan dos y le piden autógrafo. El Ídolo Jubilado accede de inmediato y extiende un amoroso recado, que contradice su práctica de otros tiempos, un garabato si les iba bien a las solicitantes. Un fotógrafo lo reconoce y lo acomoda en una pose. Un solo flashazo, y a otra cosa. Decepcionado, el-Ídolo-que-fue aguarda. Es su turno. . . y un ruido majestuoso interrumpe su meditación. Guaruras, admiradoras, fotógrafos, periodistas se agolpan a recibir al Príncipe José José que atraviesa entre vallas anhelantes, sonríe a ciegas, lanza un beso que hendiendo el aire se volvió autógrafo, se deja conducir hacia el Gran Alarido. . . y no advierte la sonrisa de íntima amistad y la mano vanamente tendida del Viejo Ídolo, hecho a un lado por el tropel. Antes de cantar, el Príncipe aprecia y apoya las causas nobles y el Ídolo de Antaño captura a un periodista que, cruel como la Naturaleza, no anota sus declaraciones exclusivas.

27 de octubre. La rifa de los objetos prestigiosos

Dos de la tarde en la Alberca Olímpica. La muchedumbre de adolescentes se reúne a probar con su solidaridad en la rifa de la Organización de Fans en Auxilio de los Damnificados. Por 500 pesos, un chavo, tiene el derecho de convivenciar (sic) con ídolos de la juventud y obtener gloriosamente:

☐ El saco que usó Manuel Saval en la conocida telenovela *Los años pasan*.

☐ Los pantalones que inspiraron a Ricki Luis para su canción "Tengo un mes con el mismo pantalón".

☐ La playera estelarizada por Pedrito Fernández en el film *La niña de los hoyitos*.

☐ El cinturón que ciñó la cintura de Juan Santana en *Jesucristo Superestrella*.

☐ El pantalón de satín y la playera que academizó Ernesto Laguardia en la serie universitaria de Televisa "Cachún, Cachún".

☐ Uno de los "payasitos" más queridos de la actriz Elizabeth Aguilar.

□ Un gorro de mink que coronó las sienes de la vedette Irán Eory.

□ El overol dinamizado por Rosa Gloria Chagoyán en la película *Lola la Trailera*.

□ El negligée que complementó la actuación de Grace Renat en la comedia *Los años pasan*.

□ Un saco y unas zapatillas fluorescentes de la cantante Tatiana.

Felices, los afortunados enseñan sus trofeos. ¿Y qué desmitificador tendría éxito ante tanto alborozo?

28 de octubre. El Regente en la pantalla chica

Hay que salirle al paso a los murmuradores, a los amargados, a los críticos de café. Tenemos el poder y nos portamos como si fuéramos la oposición a la que sólo le dejaron el control de las instituciones. Si la televisión es la influencia ante el trono hogareño, es tiempo de dominar la técnica, de aprender las perseverancias faciales, los tonos de voz seductores, las miradas neutras, el ocultamiento de la papada, el engalanamiento del perfil. Si el Sistema quiere sobrevivir (y el Sistema *quiere sobrevivir*, de otro modo actuaría frívolamente y haría de las reuniones de los Comités de Reconstrucción nuevas sesiones del PRI en campaña, en vez de los simposios platónicos y hegelianos de hoy), deberá adquirir los secretos de la pantalla casera. De hoy en adelante, sólo por el rating nos enteraremos del amor orgánico de un político y su pueblo.

Uno imagina la situación, y se inaugura como cronista adivinatorio. El Señor Regente Ramón Aguirre se humedece los labios. Los comunicólogos de guardia afinan detalles, se acercan al monitor con cuidado, exigen pequeñas pruebas. ¡*Ya está*! A enfrentarse con el Monstruo, el Ojo de Polifemo, la Caja de Pandora. El Señor Regente se acomoda y condensa en una sonrisa su afabilidad y su don de gentes. Ahora a persuadir y apaciguar. ¿A dónde irán los contribuyentes que más valgan? ¿A pasarse días y noches en asambleas vecinales, a descuidar vidas y carreras por una solidaridad ya en buenas manos? Lanza el ademán que —le aseguraron— transmite seguridades psicológicas y explica: "La expropiación no es una medida socializante o estatizante, porque el gobierno no se quedará con las casas y lotes, y además no es algo nuevo ni extraño, como tampoco lo es en otros países de orientación capitalista o economía mixta como el nuestro".

Los expertos sonríen. Va bien el mensaje. Ahora entramos a la parte llamada en el diseño comunicacional "Viabilidad ética". Si el instinto capitalista está alebrestado, adormezcámoslo con llamados a la moral eterna: "No hay razón para inquietarse por esta medida humanitaria del gobierno para ayudar a nuestros hermanos, a ciudadanos que tanto lo necesitan". Los 40 goles del humanismo: "Debemos ser más humanos; debemos ser más solidarios; debemos ser más comprensivos. No debemos ser egoístas y pensar sólo en nuestros intereses". Los comunicólogos sonríen de premisa a premisa. Ahora sí le movimos el tapete a la gélida ciudadanía.

El equipo sigue absorto la grabación. Se recomendó un solo tono de voz, una lectura sin precipitaciones para compensar la monotonía y un semblante reposado. Misión cumplida. Ahora viene el capítulo de las Grandes Revelaciones. En 1985, el gobierno federal descubre la injusticia social: "No podemos cerrar los ojos y olvidarnos que en esta ciudad existen zonas verdaderamente miserables y que allí viven seres humanos como nosotros, que ahí hay niños desnutridos, que ahí hay gente que con un poco de apoyo nuestro encontrarán una morada y una vida más digna".

De la Creación de la Confianza y de la Instalación de la Conciencia, se transita a la Verdad Dolorosa (capítulo que sigue a "Gratitud para con la Ciudadanía"). En la zona de derrumbes se extrajeron más de 3 mil cadáveres, pero en cambio se salvó a 4 mil personas. Mil tantos a favor de la Vida. Los comunicólogos aprueban con aspavientos. ¡Qué habilidad! Se emite la cifra de modo precavido (más de 3 mil pueden ser 10 mil o 20 mil) y el ánimo y la seguridad retornan, los hoteles se colman de nuevo, hay batallas por conseguir reservaciones para el Mundial de Futbol. Reconozcan —dice el mensaje subliminal, celosamente manejado por los comunicólogos— que 3 mil muertos es un costo módico, y acepten igualmente que de no darse el decreto expropiatorio, los desahucios habrían sido violentos, la paz social se habría dañado y cada uno de ustedes, ciudadanos, hubiese requerido de un pistolero.

Los expertos aplauden y el gobierno avanza a pasos agigantados en el terreno de la comunicación social.

1 y 2 de noviembre. Y era nuestra herencia una red de presagios

Santos, fieles y difuntos. A las 7:19 de la noche distintos grupos en Tepito y en el Zócalo guardan un minuto de silencio. Dos horas más tarde, en Tlatelolco, ante las ruinas del edificio Nuevo León (fosas, muebles quemados, restos de libros), una señora con chamarra beisbolera repite el rosario, y solloza en las pausas. A su lado, en una enorme pancarta, la inevitable "calavera":

Eibenchutz los mandó al hoyo.
Carrillo Arena los enterró.
Don Miki se hace maje,
y el Procu dice: "Nada pasó".

El culto a los muertos —prehispánico, colonial, del México de Posada— se renueva. A las ofrendas, el zempasúchitl, las calaveras de azúcar, las rimas burlonas sobre la condición perecedera, las calaveras del arte popular, se agrega el gusto por la poesía. Se leen textos de Octavio Paz, Efraín Huerta, Xavier Villaurrutia, Rosario Castellanos, José Carlos Becerra, José Emilio Pacheco. Luego tiene lugar un servicio ecuménico.

En su fervorín, el obispo Luis Mena rehace por su cuenta el dogma: "El cielo no lo ganan los flojos ni los cobardes, sino los que cumplen con los demás". Al finalizar la liturgia, los vecinos vocean su sentencia: "Para las autoridades que permitieron el desastre del Nuevo León, el fuego eterno".

En el parque "Ignacio Chávez", entre el Centro Médico y el Multifamiliar Juárez, se concelebra una ofrenda: "Si con él morimos, viviremos con él", en un paisaje de velas y veladoras. El sacerdote Miguel Concha predica: "Dios no se confunde con la naturaleza. Dios no está presente en las catástrofes. Más bien, siempre está ausente en las desgracias. Debemos vivir este día reforzando nuestra solidaridad que nos ha permitido organizarnos y mantenernos en comunidad. . . Las expropiaciones [de lotes y terrenos] no son inmorales. Por el contrario: son morales y legítimas. El Evangelio dice que se debe hacer el bien común para lograr mejores condiciones económicas, sociales y políticas. Y el decreto busca precisamente atender a la utilidad pública, pero también se debe cumplir con el derecho a la vivienda".

Grandes aplausos. A un lado, los integrantes de la Nueva Canción han instalado un altar al músico Rockdrigo, fallecido el 19 de septiembre, con dotación de caguamas, "para que se anime el maestro".

En la tarde del día 2, en el Zócalo, la gente forma una amplísima valla y presencia el descenso del símbolo patrio. Al irse los soldados, se acercan al asta bandera y van haciendo una cruz gigantesca con veladoras y zempasúchiles. Una banda de pueblo aviva la melancolía puntuada por ofrendas personales, rezos, llantos. ("¿Por qué a él? ¿Por qué no a mí?"). En pequeños círculos, se lee poesía entre el silencio atento:

No digamos la palabra del canto,
cantemos. Alrededor de los huesos,
en los panteones, cantemos.
Al lado de los agonizantes,
de las parturientas, de los quebrados, de los presos,
de los trabajadores, cantemos.
Bailemos, bebamos, volemos.
Ronda del fuego, círculo de sombras,
con los brazos en alto, que la muerte llega.

Jaime Sabines, de "Sigue la muerte"

Al fin se encuentran dos grandes tradiciones mexicanas.

8 de noviembre. Aquí no es mesón. . .

Un dirigente de la Coordinadora Única de Damnificados:

—No, si la cosa no era canjear condiciones jodidas por condiciones todavía más jodidas, y el estar en la vil calle por el vivir en la vil calle. La solución era provisional y ahora parece que las autoridades están felices: Las vecindades han muerto. ¡Vivan los campamentos! Éstos aumentan mientras arrecia el frío, y se deterioran las condiciones de salud y alojamiento. Hijo, la cosa está del carajo, con perdón del estado de ánimo. Los que recibieron casas en unidades del estado de México ya se volvieron a los albergues o con sus familias. Las viviendas no tienen servicios, no hay centros de abasto, el transporte es carísimo y eterno: tres o cuatro horas. Todos andan nerviosos y azotados, en la pura mentadera de madres. Por fortuna, algo nos queda de espíritu de comunidad, no lo que quisiéramos, pero mucho más de lo que había, si no, ya nos estaríamos estrangulando unos a otros.

9 de noviembre. Los damnificados de Tehuantepec 12

—Como 46 personas nos presentamos en la residencia provisional de la Procuraduría del Distrito, con la manta más larga que he visto:

"Ciudadano Presidente de la República. C. Autoridades correspondientes. Los condóminos del edificio Tehuantepec 12, Colonia Roma, exigimos justicia ante el asesinato colectivo de más de 80 personas, cometido con los habitantes de nuestro edificio. No permitiremos que se oculte o se cubra la acción de la justicia como en casos similares. Estaremos en constante observación de los actos de las autoridades."

El portero nos cerró el paso. Le argumenté: "Señor, ésta es una oficina pública, y usted debe admitirnos a todos". Al cabo de mucho argüende entró una comisión y los demás se quedaron sobre el camellón. Eran las diez de la mañana.

Dentro, iba y venía una multitud de secretarios. Nos sentaron en un jardín muy grande, y se nos dijo que era la casa de la Procuradora Victoria Adato de Ibarra, habilitada como oficina pública. Como a la una nos recibió la Procuradora, muy atenta. Nos informó: "Ya el Ministerio Público está advertido y citará a las personas que, según ustedes, son causantes del daño. Pero no prejuzguen". Se refería a los dueños del edificio y a la compañía constructora. Ya para despedirse, compartió la aflicción y se le humedecieron los ojos. Sí, ella y su gente se estuvieron tres días seguidos sin dormir, del 19 al 22 de septiembre. Y eso le permitía entender tragedias como la nuestra.

12 de diciembre: Una profecía de la Gran Pirámide

—Nunca se sabe quién comienza los rumores, pero ya para mediados de octubre, corrió por todas partes el anuncio del gran temblor. Se dijo que la Virgen de Guadalupe, enojada con la pecaminosidad de los mexicanos, se lo profetizó a unos niños de la colonia Morelos. También se achacó el pronóstico a una bruja, aunque lo más probable es que los inventores fueran los periódicos de la tarde. El caso es que la predicción se difundió extraordinariamente y muchos creyeron en ella. "El 12 va a temblar. Dicen que en la Basílica sólo de eso se habla. Que es por nuestra forma de vivir." En mi edificio, yo me propuse chotear a quien me saliera con esa patraña, pero no fui muy efectivo, porque el 11 en la noche cuatro familias se fueron de la ciudad, con sus parientes o de vacaciones o qué sé yo.

Al día siguiente regresaron sin dar explicaciones.

Impresión: Programas Educativos, S. A. de C. V.
Calz. Chabacano 65-A, 06850 México, D. F. Empresa certificada por el Instituto
Mexicano de Normalización y Certificación, A. C., bajo la norma ISO-9002:
1994/NMX-CC-04: 1995 con el número de registro RSC-048, e ISO-14001:
1996/NMX-SAA-001: 1998 IMNC con el número de registro RSAA-003.
5-VIII-2005